얼어
　　붙은
　　　　눈
　　　　물

얼어 붙은 눈물

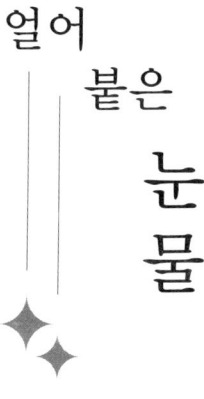

진해자 수필집

수필과비평사

◆ 책을 내며

『기다리는 등대』가 나온 지 5년 만에 두 번째 수필집 『얼어붙은 눈물』을 낸다. 사는 일과 글쓰기를 하는 일은 모두 눈물겨운 일이다. 삶과 불화하는 시간, 한 편의 글을 만들기 위해 씨름하는 시간은 슬픔과 아픔을 되새기며 눈물을 흘리는 시간이다.

우리 모두의 인생은 눈물투성이다. 살아오면서 기쁜 일도 많지만 슬픈 일도 많다. 어느 시인은 "눈물은 왜 짠가"라고 물으며 아파했듯, 눈물을 흘리면서 마음속에 쌓인 슬픔과 고통이 함께 흘러 나가길 바라고 있다. 눈물은 마음의 아픈 상처지만 아침이슬처럼 찬란한 희망이 되기도 한다.

많은 이들이 지워지지 않는 상처로 아파하고 괴로워한다. 지우려 할수록 더욱 또렷해지는 상처는 결국 깊은 흉터로 남는다. 어떻게 하면 타인의 마음을 들여다보고 심심한 위로의 말을 건넬 수 있을까. 수필은 '자신의 삶과 타자의 마음을 들여다보고 읽을 수 있는 거울 같다.'라는 생각을 해본다.

  우리는 살면서 수많은 상처를 안고 살아간다. 사랑하는 사람을 잃었을 때의 상실감으로 괴로워하며 많은 시간을 보낸다. 글을 쓰면서 마음 깊은 곳에 웅크려 있는 아픔을 토해내려 애썼다. 누군가를 그리워하며 산다는 것이 얼마나 힘든지 알기에 상처 난 마음을 위무하며 글로 담아내기 시작했다.

  사랑하는 사람을 잃고 마음의 상처를 겪기 전에는 진주를 보며 그저 아름답다는 생각만 했다. 모래알이 속살을 파고드는 아픔을 참고 견디는 조개의 참모습을 보지 못했다. 어머니의 가슴에도 모래가 늘 사그락거렸다. 어려운 살림에도 자식들 앞에서 한 번도 눈물을 보인 적이 없다. 어쩌면 깊은 속울음에 눈물이 얼어버린 건 아니었을까. 그런 아픔이 있었기에 진주는 더 빛날 수 있었다. 고통의 끝에 만들어지는 영롱한 진주는 아픈 사람들의 마음을 오롯이 품어준다.

인생은 슬픔의 연속임을 알게 되면서 글쓰기를 위한 욕망은 슬픔을 알고 견디는 사람이라는 것을 깨닫게 되었다. 글을 쓰면서 상처가 조금씩 희미해지고 있음을 알았다. 닫혀 있던 마음의 문이 열리며 어둠 속에 있던 언어들을 한 권의 책으로 엮어 세상 밖으로 내보낸다.

오늘도 외딴 포구 등대에 기대앉아 밀려왔다 밀려가는 파도를 바라보며 기억의 자락을 펼쳐본다. 언제까지나 내 인생의 등대가 되어주는 가족과 모자라는 글길에 밀물이 되어주신 허상문 교수님, 그리고 글벗이 되어주는 소중한 인연에 감사의 마음을 전합니다.

2023년 가을

진해자

차 례

책을 내며 • 5

 01 / 숨어 우는 야고

숨어 우는 야고	• 14
고향집 밤나무	• 20
아프지 않은 이별은 없다	• 26
아버지의 연장통	• 32
검정 고무신	• 38
고사리순	• 44
국화꽃 열한 송이	• 50
낡은 고무신	• 55
칼집	• 61

02 / 닻을 내리다

도대불	·70
닻을 내리다	·76
석공의 소원	·82
고장난 벽시계	·88
사이다 한 모금	·94
어머니의 불씨	·101
외눈부처	·107
커튼을 열다	·112
침녀針女	·118

03 / 하늘나라 우체통

행복의 문	·126
바다의 꽃	·133
만년필과 잉크	·139
그녀의 꽃다발	·144
하늘나라 우체통	·150
벚꽃 엔딩	·153
주름진 시간	·158
사라진 구렁이	·164
에밀레, 에밀레여!	·170

04 / 얼어붙은 눈물

눈사람	·178
바다 웅덩이	·184
꿈꾸는 집	·190
새벽 갈매기	·196
단풍의 시간	·202
별빛	·208
깨진 유리창	·211
인각사의 달	·216
얼어붙은 눈물	·222

|작품해설| 눈물의 미학, 슬픔의 승화 / 허상문 문학평론가·영남대 명예교수 • 228

01 / 숨어 우는 야고

숨어 우는 야고
고향집 밤나무
아프지 않은 이별은 없다
아버지의 연장통
검정 고무신
고사리순
국화꽃 열한 송이
낡은 고무신
칼집

숨어 우는 야고

 하나의 풍경에 시선이 닿았다. 억새와 억새 사이에서 가느다란 거미줄이 바람에 낭창거린다. 거미줄은 바람의 기세에 금방이라도 끊어질 것처럼 위태위태하다. 중앙에는 몸집이 작은 거미가 제집을 지키겠다는 듯 다리를 쫙 벌려 버티고 섰다. 미동도 없이 당당히 맞서는 모습이 듬직해 보인다. 바람을 피해 억새 사이로 숨을 만도 한데 한참을 지켜봐도 물러서는 법이 없다.

 거미줄 주위를 둘러보았다. 하얗게 감싸져 있는 것이 억새에 의지한 채 꼭 붙어 있다. 알집이다. 거미는 알을 지키기 위해 거친 바람과 맞선다. 죽음이 다가옴을 본능적으로 느끼고 가느다란 실이 어딘가에 닿을 때까지 삶의 영역을 구축한다. 거미는 곧 태어날 새끼들에게 오롯이 몸을 내어주고 마지막 숨을 거둘 것이다. 작고 여린 곤충이지만 제 새끼를 지키고자 하는 마음이 눈물겹다.

거미알을 훑다 보니 억새 밑둥지에 뾰족이 돋아난 식물에 눈길이 머문다. '야고'다. 억새에 더부살이하는 식물로 자그마한 키에 꽃인 듯 아닌 듯 홍자색으로 피어난 모양이 묘하게 생겼다. 고개를 푹 숙이고 있는 모습이 사람들에게 들키지 않으려고 꼭꼭 숨어 있는 것처럼 보인다. 적에게 뺏기지 않고자 새끼를 온몸으로 품어 안은 어미 같다. 억새 가장 밑둥지에 붙어 살아남고자 숨죽여 우는 야고.

가을의 정취를 느껴보고자 아끈다랑쉬오름을 찾았다. 일행은 저만치 사라지는데 나는 억새밭에 쭈그리고 앉았다. 오름을 휘감는 바람이 억새밭을 감시하듯 구석구석 할퀴고 지나간다. 속울음을 다 토해내지 못한 붉은 억새꽃이 소슬히 흔들린다. 바람에 몸을 맡겨 흔들리는 억새를 보면 제주의 아픔을 송두리째 안고 있는 듯하다. 수많은 사람이 죽어가는 모습을 지켜보면서 울음소리도 내지 못했을 터이다. 혹여 인기척이라도 들릴까 싶을 땐 거칠게 부는 바람이 오히려 고마웠으리라. 이유 없이 죽어야 하는 가엾은 목숨을 조금이라도 살리고자 밑으로 밑으로만 끌어안았을 억새의 몸부림이 처연하다.

억새 밑둥지에 붙어야 살 수 있는 야고도 가끔은 푸른 하늘이 그리웠다. 자유롭게 흘러가는 구름도 보고 싶고, 마음껏 노래하며 날아다니는 새도 되고 싶었다. 눈부신 햇살 한 줌 억새 사이로 내려오면 햇살 따라 세상 밖으로 나오고 싶은 심정이 오죽했을까. 컴컴한 동굴 안에 숨어 살아야 했던 제주 사람들의 한숨이 억새 사이로 흐르면, 억새는 그저 흔들리며 발밑에 있는 야고를 더욱 감싸 안았다.

시집와서 보니 시할아버지의 자리가 비어 있었다. 시할머니는 할아버지 부재의 이유를 잊어버릴 만하면 넋두리처럼 들려주었다. 한숨에 섞여 새어 나오는 목소리는 바람에 부딪혀 서걱대는 억새처럼 언제나 파르르 떨렸다. 억새 밑둥지에 숨어 우는 야고는 젊은 나이에 혼자 아이 셋을 키우며 숨죽여 살아야 했던 할머니의 삶과 닮았다.

4·3사건 때에 토벌대는 하도리 주민들을 도피자 가족이라는 이유로 감금시켰다가 많은 사람을 집단 총살하였다. 그것도 모자라 마을 공화당으로 모이게 한 후 남녀 여러 명을 일렬로 세워 놓고 총을 쐈다. 청년과 주민들은 토벌대의 무차별 학살을 피해 다랑쉬오름 근처의 크고 작은 굴로 피신해야만 했다.

스물일곱 살이던 할아버지도 살고자 무작정 도망갔다. 무고한 사람들이 수없이 죽어가는 것을 보며 할머니는 할아버지를 어떻게든 살려야겠다는 생각뿐이었다. 수시로 집안을 수색하고 눈에 띄면 잡아다 고문하거나 죽임을 당하는 현실 앞에서 어린 남매와 뱃속 아기를 남겨두고 집을 떠나는 할아버지의 심정은 어떠했을까.

1948년 12월 어느 날, 다랑쉬굴에 숨어 있던 주민들이 토벌대에 의해 희생되었다. 굴속에 불을 피우고 안에 있는 사람이 밖으로 나오지 못하도록 입구를 돌로 막아 버렸다. 연기에 질식되어 고통 속에 몸부림치다 목숨을 잃은 열한 구의 유골이 몇십 년이 흐른 후 고스란히 발견되어 큰 충격을 주었다. 살고자 들어갔던 굴이 죽음의 장소가 되어버린 기막힌 사연, 그 아픔을 위무하듯 다랑쉬굴 앞을 지나는 바람소리가 서늘하다.

쉴 새 없이 억새를 흔들던 바람마저 잠들어 버리면 야고는 너무나 외로웠다. 억새가 있어야 살 수 있는 기막힌 운명이지만, 어린 자식을 위해서는 어떻게든 견뎌야 했다. 구름 사이로 새어 나오는 희미한 달빛에 의지해 하루하루를 버텼다. 삶과 죽음을 모른 채 60년이 흘러버린 할머니의 지난한 세월, 바람에 대문이 달그락거릴 때마다 남모르게 가슴앓이

했을 마음이 자닝하다.

 할아버지의 숨결이 억새 사이로 사라지고 말았다. 의지가지없이 텅 비어버린 가슴을 메울 수 있는 건 아무것도 없다. 야속하게 흘러버린 시간 속에 덩그마니 남겨진 야고는 허옇게 세어가는 억새를 안쓰러워하며 은결든 마음을 달래본다. 바람을 피워도 좋고, 노름으로 가사를 탕진해도 좋고, 알코올중독이라도 좋으니 살아만 있으면 좋겠다던 할머니다. 할아버지를 향한 그리움이 클수록 이별의 상처는 지울 수 없는 흔적으로 남았다. 젊어서는 어린 자식 셋을 키우기 바빠 할아버지를 그리워할 새도 없었다. 농부와 해녀로 살아간다는 것은 여자이기를 포기할 정도의 말로 다 할 수 없는 힘든 노동이었다.

 야고는 바람에 흔들리지 않는다. 남편 없이 혼자 살아야 하는 척박한 현실은 제주 여인의 마음을 더 올곧게 만들었다. 세찬 바람에 맞서 새끼를 지키기 위해 물러서지 않는 몸집 작은 거미처럼 어떻게든 살아야 한다는 생각으로 자식을 지켰다. 혹한의 날씨에도 얼어 죽지 않는 억새와 더불어 인고의 세월을 견디며 해마다 꽃을 피웠다. 야고는 제주의 아픈 역사 속에 지워지지 않는 존재의 흔적이다.

 붉은 울음을 울던 억새꽃이 그리움의 시간을 견디지 못하고 하얗게 바래간다. 억새에 기대어 살아가는 야고처럼 할머니도 지친 등을 기댈 언덕이 필요했을 것이다. 치열하게 요동치는 시대를 살아야 했던 할머니의 삶이 억새꽃처럼 새었다. 조여 맨 하얀 머리를 풀어 헤치고 바람에 몸을 맡긴다. 억새의 꽃씨가 바람을 타고 자유롭게 날아간다. 끝날 것 같지 않던 우리의 인생도 억새와 야고의 삶처럼 자연의 한 조각일 뿐.

쉴 새 없이 불어대던 바람이 잠시 숨을 고르는지 사위가 조용하다. 낭창거리던 거미줄도 쉬어 갈 시간이다. 억새 밑 둥지에 숨어 우는 야고를 눈에 담으며 하나의 풍경에서 빠져나왔다.

고향집 밤나무

 가을 하늘이 금방 쏟아져 내릴 듯 청명하다. 나무들은 저마다 노랗고 빨갛게 물들며 가을 속으로 들어간다. 마당귀퉁이 감나무에 수줍게 매달려 있는 홍시를 까치들이 날아와 쪼아먹고는 저 멀리 사라진다. 텅 빈 감나무를 보며 혼자 외롭게 고향집을 지켰을 밤나무를 떠올린다. 어릴 적 밤나무에 올라 휘청거리던 추억이 한 폭의 그림처럼 지나간다.
 어린 시절, 고향집 마당에는 하늘을 가득 덮을 정도로 몸집이 큰 밤나무가 있었다. 놀잇거리가 귀하던 시절이라 밤나무는 동네 아이들의 놀이터였다. 새들이 찾아와 노래하고 아이들 웃음소리가 가지마다 걸렸다. 커다란 나무 밑에 서서 잎 사이로 바라본 하늘은 시간이 지나도 지워지지 않는 마음속 풍경이다. 우울한 날은 혼자 나무에 올라 바람이 속삭이는 소리를 들었다. 바람은 가난한 어린 소녀의 허기진 배를 가만히 쓰다듬어 주었다. 발길에 차이고 가지가 부러져도 다시 새순을 만들어내는 밤나무는 어려운 살림을 묵묵히 일구어내는 어머니의 넉넉한 품 같았다.

해마다 초여름이면 밤꽃이 피었다. 꽃은 저 혼자 물들며 열매를 잉태했다. 비에 젖고 바람에 마르며 튼실한 열매를 품었다. 알맹이를 보호하기 위해 온몸에 가시를 세운다. 가시가 돋아난 몸이 흉하고 성가실 법도 한데 외모 따위에는 신경 쓰지 않았다. 햇볕에 그을리고 매서운 바람에 속살이 터져도 그저 새끼들이 무탈하기만 바랐다.

아무리 가시를 세워도 시련은 찾아왔다. 바람이 정신없이 부는 날이면 모질게 매달렸던 열매가 툭툭 떨어진다. 바람과 맞서 싸워보지만 떨어지는 열매를 다 안을 수는 없었다. 나무는 도사리 열매를 땅으로 돌려보내며 눈물을 삼켰다. 무르익어 스스로 벌어지기를 고대했건만, 홍역을 앓던 어린 아들 둘은 가시를 제대로 세워보지도 못하고 어머니 품을 떠나고 말았다. 속울음을 삼키는 어머니의 눈물이 뿌리로 스며든다.

우리는 나무의 가지와 잎사귀만 볼 뿐 뿌리는 보지 못한다. 가지와 잎사귀를 키우려고 어두운 땅속을 파고드는 뿌리가 얼마나 힘든지를 모른다. 나무가 튼튼히 자리 잡기 위한 시련의 시간은 힘들게 살아온 어머니의 시간이다. 오롯이 혼자 견뎌 내야 하는 삶 속에 잎을 다 떨구어 내고 혹독한 겨울을 감내하며 다시 봄을 기다린다.

밤톨을 땅에 심으면 싹이 난 후에도 껍질은 오랫동안 썩지 않고 붙어 있다. 어디서 왔는지 자신이 태어난 뿌리를 잊지 말고 기억하라는 뜻에서 부모의 은덕을 잊지 않는 나무로 여긴다. 아무리 잎이 무성하고 열매가 튼실해도 뿌리가 없다면 나무는 살아갈 수 없다. 근본은 보이지 않는 곳에 늘 잠재되어 있다.

어머니 뱃속에서 떨어져 나와도 연결고리인 배꼽 자리는 선명히 남는다. 우리는 가끔 근본을 잊어버리고 산다. 어머니에게 받은 몸이 온전히 자기 것인 양 함부로 여긴다. 튼튼하게 뻗은 뿌리가 있어 열매로 달릴 수 있음을 간과한다. 어려운 환경에서도 열매를 놓지 않으려는 나무의 마음을 헤아리지 못한다. 나무껍질이 아무리 단단해 보여도 아픔을 느낀다. 수없이 가시에 찔리면서도 알을 토실하게 만들어내는 밤나무는 비가 와도 젖지 않는 강물처럼 끊임없이 흐른다.

갓 심은 나무가 뿌리를 잘 내리고 튼튼하게 자랄 수 있으려면 지지대가 필요하다. 어머니는 자식이 흔들리지 않게 지지대가 되어준다. 지지대는 묵묵히 제 할 일만 할 뿐 나무가 빨리 자라기를 바라지도 재촉하지도 않는다. 열매가 알차게 여물 수 있게 모든 것을 다 내어주지만, 정작 본인은 하루가 다르게 쭉정이처럼 말라갔다.

밤알이 알차게 여물어 다 떨어진 어느 날이다. 어머니의 마른기침 소리가 평소와 다르다. 한번 기침을 시작하면 여간해서 멈추지 않는다. 나무를 흔드는 바람 소리가 점점 거칠어진다. 달려 있던 잎들이 힘을 잃고 우수수 떨어진다. 나뭇잎이 떨어지는 만큼 기침도 잦아간다. 숨 가쁘게 달려온 어머니의 시간이 서서히 겨울로 접어들고 있다.

어머니를 모시고 병원을 찾았다. 고개를 갸웃거리는 의사의 표정이 어둡다. 조용히 겨울을 준비하라고 한다. 거친 비바람도 이겨내며 모질게 살아온 삶이 푸른빛을 잃어간다. 이제 내가 어머니의 지지대가 되어줄 시간이지만, 깜빡거리는 푸른 신호등은 오래 기다려주지 않았다. 산소마스크 사이로 헐떡이던 숨이 곧 빨간 신호로 바뀌려 한다. 삐-이 소리와 함께 멈춰버린 시간이 가보지 않은 또 다른 세상을 향해 천천히 걸어 들어간다.

초등학교 4학년이 되던 해에 이사 가면서 유년을 보낸 밤나무와 이별했다. 살면서 고향집 밤나무가 늘 궁금했지만 가보지 못했다. 가끔 밤나무가 있는 고향집 꿈을 꾸었다. 꿈에서는 우람하게 마당을 차지한 나무가 여전히 자리를 지키고 있었다. 무성한 가지마다 매미가 울고 새들과 곤충이 쉴 새 없이 들락거리지만, 어딘가 모르게 텅 비어 있는 느낌에 잠을 깨곤 했다. 어머니의 넓은 품이 생각나면 밤나무도 그리웠다. 몇십 년이 흐른 지금, 시간을 내어 유년의 놀이터였던 고향집 밤나무를 찾아갔다.

고향집은 많이 변해 있었다. 초가집이 있던 자리는 오간데 없고 낯선 건물이 자리했다. 돌담으로 이어진 올레도 사라지고 없다. 담장 너머를 아무리 두리번거려도 그 옛날 푸르름을 자랑하며 우람했던 밤나무가 보이지 않는다. 혹시? 키는 크지만 마를 대로 말라 형체만 겨우 남아 있는 나무가 눈에 들어온다. 아무리 눈을 비비고 봐도 어린 시절 마음속에 새겨둔 밤나무라고 보기엔 믿기지 않는다.

오랜 시간 바람만 드나들었을 나무가 허허롭다. 짓궂은 아이들의 웃음소리도 새들의 재잘거림도 사라지고 없다. 서글픈 한숨이 새어 나왔다. 나무도 세월을 비껴갈 수는 없었나 보다. 어머니의 세월만큼이나 힘겹게 버텼을 나무를 생각하니 가슴 한곳이 먹먹하다. 젖가슴 다 내어주고 말라버린 모습을 보니 어머니가 그 자리에 서 있는 것 같다. 주렁주렁 달린 열매를 키워내느라 힘들었을 밤나무다. 나무 뒤에 숨어서 홀로 흐느꼈을 어머니의 눈물도 다 말라버렸다.

 너무나 변해버린 모습이지만 베어지지 않고 그 자리에 있어 준 밤나무가 내심 고맙다. 쓸쓸하게 다가올 노년의 내 모습이 아닌가. 설익은 밤송이는 날카로운 가시를 세우며 아무때나 속을 내어주지 않는다. 가을 햇살에 무르익으며 찬바람이 불 때 스스로 떨구어 넉넉히 돌려준다. 인생의 가을이 왔지만 내어주지 못하고 아직도 가시를 내세우며 살고 있지는 않은지…. 무르익는다는 건 참고 견디어 내는 시간이다. 그리고 때를 기다릴 줄 아는 것이다.

 만지면 부서질 듯이 말라버린 밤나무에 잎을 다 떨구어 낸 담쟁이덩굴이 칭칭 감겨 있다. 빈 몸이라 더는 내어 줄 것이 없어 보여도 담쟁이의 지지대가 되어준다. 고향집 늙은 밤나무는 밑둥지를 타고 오르는 담쟁이와 함께 푸른 잎이 무성히 돋아날 봄을 묵묵히 기다리고 있었다.

아프지 않은 이별은 없다

 야속한 하늘은 구름 한 점 없이 맑기만 하다. 가만히 있어도 숨이 턱턱 막혀온다. 태양이 이글거리는 한여름이지만, 농부들은 열기를 피할 수 없다. 제 시기에 당근 씨를 뿌려야 하기 때문이다. 바싹 마른 밭을 갈아엎고 씨를 파종한다. 발아가 잘되면 좋겠지만 마음뿐이다. 농부의 얼굴에는 땀이 비 오듯 쏟아지고 마음은 새까맣게 타들어 간다.

 구좌지역의 주산물인 당근은 여름에 씨를 뿌려 겨울에 수확한다. 하지만 제 시기에 비가 오지 않으면 무더위를 견디지 못하고 씨가 땅속에서 곯아버리거나 싹이 나면서 타버린다. 파릇파릇 돋아야 할 새싹이 하늘을 보지 못하고 사라진다. 농부의 마음도 휑한 빈 밭이 되어간다.

농사를 천직으로 살아가는 농부는 다시 씨를 뿌린다. 남편도 손놓고 있을 수 없어 재파를 한다. 한 번의 실패를 보았으니 더욱 정성을 들인다. 가뭄 속에서도 싹을 피울 수 있게 밭마다 호수를 설치한다. 씨 내린 땅에 잘 정착하길 바라며 밤낮으로 물을 준다. 아무리 척박한 땅속에서도 희망을 버리지 않는다면 싹이 틀 거라 굳게 믿는다.

벌써 몇 년이 흘렀다. 잘 자라던 아이가 어느 날 가뭄에 목말라 축 늘어진 당근잎처럼 주저앉는다. 에어컨 바람에 지쳐서 감기에 걸렸나 보다 생각했다. 입맛이 없는지 잘 먹지도 못한다. 아이를 데리고 병원을 찾았다. 의사 선생님의 청천벽력 같은 말에 가슴이 와르르 무너진다. 허공으로 흩어진 말들을 다시 주워 담을 수만 있다면, 아무 일도 일어나지 않은 것처럼 병원 문을 열고 조용히 나오고 싶었다.

직장생활도 농사도 손을 놓은 채 치료에 매달렸다. 건강하게 뛰어놀던 아이가 투병 생활을 하게 될 때 아이나 부모는 깊은 어둠에 갇히고 만다. 긴 터널을 벗어나지 못하고 어둠 속에서 갈 길을 잃어버린다. 잠을 자면 새벽이 오지 않을 것 같은 불안감에 눈을 감기가 두렵다. 하지만 오랜 가뭄 뒤에 내리는 비가 약이 되듯, 아이의 치료를 위해 희망을 놓지 않으면 말라가던 씨가 꿈틀대며 푸릇한 새싹을 내

밀어줄 것이다.

당근은 파종도 중요하지만, 상품이 되려면 여러 가지 요소가 뒷받침되어야 한다. 날씨도 한몫하고 비가 온 후에는 살충제와 영양제도 살포한다. 뿌리를 잘 내릴 수 있게 적당한 간격으로 솎아주고 비료도 뿌려 준다. 당근이 뿌리를 잘 내려 튼실하게 자라기까지 농부는 걱정으로 밤잠을 설치며 보살핀다.

아이는 치료를 위해 이식을 해야 했다. 공여자를 찾기 위해 제일 먼저 형제자매의 혈액을 검사했다. 하지만 아쉽게도 맞지 않았다. 다시 애타는 기다림이 시작되었다. 기다린다는 건 고독한 아픔을 홀로 견디는 일이다. 삭막한 가슴에 여린 씨앗 하나 품고 싹틔우는 시간이다. 기약 없는 기다림 끝에 드디어 공여자가 있다는 소식이 왔다.

이식하고 긴 치료가 시작되었다. 문 하나를 사이에 두고 병원 안에서 바라본 세상과 밖의 세상은 너무나 달랐다. 평범했던 일상이 아주 특별한 일이 되어버렸다. 길거리를 오가는 사람이 그렇게 자유로워 보일 수 없다. 저들은 무슨 생각을 하며 걷고 있을까. 지금 자기가 행복한 사람이라는 걸 알고 있을까. 창밖으로 보이는 구름이 대답을 피하듯 시야에서 천천히 사라진다.

천방지축 뛰어놀던 저 어린것이 어떻게든 견뎌내기 위해 애면글면하는 모습이 애처롭다. 바람 앞에 촛불처럼 파르르 떨리는 눈동자가 힘없이 나를 바라본다. 희망을 접으면 안 된다. 어떻게든 지켜야 한다. 내가 흔들리면 아이는 누구를 믿고 의지할까. 마음을 다시 한번 추스른다. 아직 아이의 눈에 담지 못한 것이 너무 많지 않은가. 조용히 두 손을 모은다. 그래, 새롭게 태어나는 거야! 넌 할 수 있어.

병원 밖으로 나갈 수 없는 아이가 유일하게 기다리는 사람이 있다. 모든 것이 절망적일 때 찾아와준 '꿈틀 꽃씨'에 근무하는 M 선생님이다. 아무리 힘든 현실에서도 꽃씨가 꿈틀거리며 싹을 틔울 거라는 희망을 품게 하는 이름이다. 세상과 단절되어 삶의 의욕을 잃었던 아이가 다시 활기를 찾아간다. 닫혔던 마음의 문도 조금씩 열렸다. 이대로 닫힌 문이 활짝 열리면 더없이 좋으련만.

병원 생활을 하다 보면 하루에도 천당과 지옥을 오가는 일이 종종 생긴다. 가망이 없으니 마음의 준비를 하라는 말도 듣는다. 새 생명을 얻고 끈질기게 버티던 아이가 덜컥 폐렴에 걸리고 말았다. 뿌리를 채 내리지 못한 여린 이파리가 조그만 바람에도 이리저리 흔들린다. 꺼져가는 희미한 숨소리가 가슴에 가랑가랑 박힌다.

안과 밖의 생활이 너무나 다르다. 안의 생활은 과거의 생활이다. 어쩌면 아이가 아프기 전의 시간이다. 하지만 시간은 멈추지 않고 흘러간다. 아침에 떠오른 태양이 어김없이 서쪽으로 져버리는 것처럼, 아무리 붙잡고 싶어도 존재하는 것은 다 사라지고 만다. 사랑하는 사람을 잃으면 그 사람과 함께 만들어진 모든 것을 잃는 것이다. 나는 아이와 함께 있을 때 가장 행복했다. 아이로 인해 살아갈 이유가 있었다. 어두운 밤하늘에 별똥별이 꼬리를 내리며 길게 떨어진다.

삶과 죽음 사이에 인간은 어떤 상태일까. 어떤 모습으로 기억되길 바랄지 아이의 마음을 들여다보고 싶다. 병원 생활만 하다가 그렇게 그리던 집으로 돌아가지 못한 게 가시처럼 콕 박혔다. 잠깐의 이별이 아니라 다시 만날 수 없는 이별인 줄 알았으면 치료를 포기하고 집으로 갈 걸 그랬다. 모든 생명은 언젠가 떠나가지만, 사랑하는 사람과 너무 빠른 이별을 했다는 상실감은 슬픔의 늪으로 점점 빠져들게 한다. 세상에 아프지 않은 이별은 없다. 아픔을 딛고 어떻게든 이별의 늪에서 나와야 한다.

재파한 당근 씨가 며칠이 지나자 파릇한 싹을 내밀었다. 쉬지 않고 물을 준 결과물이다. 햇볕에 익어 벌겋게 달아오른 남편의 얼굴에 희미한 미소가 번진다. 이제 잘 견디며 쑥

쑥 자라주면 된다. 하지만 모든 일이 뜻대로 되지 않는다. 가물던 날씨가 하루아침에 태풍을 맞았다. 비바람에 여린 당근잎이 갈기갈기 찢어졌다. 빗물이 고이며 뿌리도 썩어간다. 작게나마 희망을 버리지 않았던 마음이 다시 한번 와르르 무너져내린다.

태풍이 휩쓸고 간 지 며칠이 지났다. 언제 그랬냐는 듯 당근밭에 고여있던 물이 서서히 빠지더니 끈질기게 살아남은 이파리가 보이기 시작한다. 바람에 상처난 잎도 서서히 회복하고 있다. 남편은 서둘러 약을 치고 비료와 영양제도 뿌렸다. 조바심이 났지만, 이겨내리라 믿고 느긋이 기다린다. 비실거리던 당근잎에 푸릇한 생기가 돈다.

휑하던 당근밭이 푸르름으로 다시 차오른다. 아무리 척박한 땅속이어도 희망을 놓지 않는다면 싹틔울 거라는 남편의 작은 소망이 이루어졌다. 내 마음에도, 하늘에 별이 된 아이의 마음에도 영원히 지지 않을 꽃씨가 꿈틀거리며 파릇한 당근 잎으로 새롭게 피어난다.

아버지의 연장통

 석공의 손에 들린 메가 허공을 향하여 솟구친다. 순간 석공의 눈이 번쩍이며 치켜든 팔과 다리에 잔뜩 힘이 들어간다. 석공은 조금의 망설임도 없이 커다란 바위를 향하여 거침없이 내리친다. 집채만 한 바위가 금이 가고 반으로 쪼개질 때까지 메질은 계속되었다.
 어릴 적 아버지를 따라 야산에 자주 갔다. 아버지의 일터는 곧 나의 놀이터였다. 돌을 깨고 다듬어서 원하는 물건을 만들어 내는 것을 보며 자랐다. 커다란 돌에 정으로 홈을 파고, 그 홈에 비김쇠를 끼워 수없이 메질한다. 꿈쩍하지 않을 것 같던 돌덩이가 신기하게 두 동강으로 갈라진다. 두 동강 난 돌을 다시 깨고 정교하게 다듬는다. 주위가 어둑해지도록 돌 깨는 소리는 귓전에 맴돌았다.

  돌을 다루는 일에 지식이 없는 아버지가 누구에게 배웠을 리 없다. 낙차落差의 힘을 이용하여 부수고 다듬으며 본능적으로 작업을 하지 않았을까. 커다란 바위를 깨트리고 큰 돌을 기술적으로 옮기는 모습을 보면 어린 마음에도 작은 체구의 아버지가 천하장사처럼 보였다. 돌 일을 하는데 많은 시간을 공들였지만, 물건이 마음에 들지 않으면 좌절도 많이 했을 것이다. 하지만 아버지는 손에서 연장을 놓은 적이 없다. '쩡쩡' 돌 깨는 소리는 어둠을 밀어내는 새하얀 시간이 되었다.

  시간이 흐를수록 정을 잡은 손이 돌처럼 딱딱해져 갔다. 젊은 사람도 들기 힘든 무게를 매일 감당하다 보니 굳은살이 박여 점점 거칠어졌다. 어쩌면 살아오는 동안 아버지의 마음에도 굳은살이 박였을지 모른다. 짓무르고 터지고 다시 아물기를 반복하며 견뎌온 시간이 낡은 연장통처럼 예스럽고 묵직하다.

  아버지의 등에는 늘 연장통이 지어져 있었다. 나무로 만든 사각 연장통은 삶의 일부였다. 아무리 무거워도 내려놓을 수 없는 짐이다. 모양도 다르고 이름도 달랐지만, 어느 것 하나 없어서는 안 될 물건이다. 먹줄, 정, 비김쇠, 메 대부분이 쇠붙이로 되어 있어 무겁고 투박했다. 무거운 짐을 지고 돌이 있는 곳을 찾아다녔을 두 다리는 성할 날이 없었다. 비틀거리면서도 결코, 쓰러지지 않았다. 어떤 날은 잘못된 망치질에 손가락이 뭉개지고 어떤 날은 무너지는 돌무더기에 짓눌려 다리를 다치기도 했다.

연장통은 다솔식구의 밥줄이었다. 부서지고 무너져도 다시 일어나 연장을 들었다. 무거운 쇳덩이가 하늘로 치솟을 때마다 어린 자식의 눈동자도 따라 올라갔다. 하루도 놓을 수 없는 석공 일은 남은 생의 소리 없는 전쟁터였다. 젊은 시절 품었던 꿈과 용기와 패기를 낡은 연장통 속에 꼭꼭 담아 두고 자식을 위해 참고 견디는 고통의 나날을 보냈다.

하루는 학교에서 돌아와 보니 아버지가 마루에 대자로 누워계셨다. 약주를 과하게 했는지 많이 취해 있다. 인기척을 느끼고 일어나서는 어린 나를 끌어안고 소리 없이 눈물을 흘린다. 내심 무서웠지만, 조그만 손으로 아버지의 등을 토닥였다. 어린 마음에도 괴로움에 아파하는 마음을 읽을 수 있었다. 저녁이 되자 어머니가 밭에서 돌아왔다. 부모님의 대화에서 낮에 나를 끌어안고 흐느꼈던 이유를 알았다.

아버지는 이웃 마을 지인의 소개로 일을 도거리로 맡고 몇 달을 쉬지 않고 일했다. 공사가 거의 마무리되어 가는 시점에 그 집 사정으로 공사대금을 거의 못 받게 되었다. 재료비와 인부들 인건비도 계산해야 하는데 고지식한 아버지는 얼마나 막막했을까. 아버지의 속앓이는 좀처럼 가라앉질 않았다. 매일 반복되는 '하루'라는 술잔에 삶의 고통과 우울과 불안을 따르고 단숨에 들이켜곤 했다. 돌 일이 얼마나 힘들었을지 짐작이 간다. 집을 짓고, 울타리를 쌓고, 산소 주위에 담을 놓는 일까지 아버지의 손길이 닿지 않은 곳이 없었다. 돌을 한참 쌓다가도 본인 마음에 들지 않으면 허물고 다시 쌓는다. 그런 분이 일한 대가를 받지 못했으니 그 고통은 몇 배로 컸으리라. 발부리에 차이고 뒹구는 돌멩이처럼 아버지의 삶도 고달팠다. 무너지면 쌓고, 쌓으면 또 무너지고 그렇게 아버지의 시간이 지저깨비처럼 켜켜이 쌓여 갔다.

  돌을 다듬을 때 떨어져 나오는 부스러기나 잔 조각을 지저깨비라 한다. 쓸모없다고 버리는 사람도 있지만, 아버지는 어느 것 하나 쓸모없는 건 없다며 허투루 버리지 않았다. 돌을 쌓을 때 생긴 공간을 막고 균형을 맞추기 위해 꼭 필요하다고 했다. 버리면 쓸모없는 것이지만, 잘 쓰면 훌륭한 재료가 되었다. 아버지의 젊은 시절 야망과 꿈이 가족의 생계를 위하여 닳아지고 깨지며 지저깨비가 되었지만, 결코 헛된 시간이 아니었음을 힘주어 말하는 것 같다.

한번 쪼개져 나가면 다시 붙일 수 없는 게 돌 작업이다. 조금만 실수해도 그 돌은 쓸 수 없게 된다. 힘들게 공들였지만 버려야 할 때면 아버지의 속도 산산이 부서졌다. 그런 연유로 돌을 깎고 다듬는 순간은 여느 때보다 신중했다. 온 정신을 가다듬고 서두르지 않았다. 마음에 들지 않으면 식사하는 것도 잊은 채 열 번이고 백번이고 두드리고 또 두드렸다.

바닷가에 있는 자갈이 부딪치고 멍들며 조금씩 윤이 나는 것처럼, 시련을 참고 이겨낸다는 것은 훌륭한 작품을 만들기 위해 모난 곳을 수없이 쳐내는 돌 작업 같다. 모난 생각과 비뚤어진 마음이 고개를 들 때마다 정교한 작품을 위해 백번 넘게 망치질하는 아버지를 떠올린다. 공들이지 않으면 뛰어난 작품은 만들어지지 않는다. 돌 작업을 할 때만큼은 아버지가 세상에서 가장 멋져 보였다. 매 순간 최선을 다하는 모습은 아무렇게나 툭툭 놓아도 제 있을 자리에 있으면 아름답게 보이는 오래된 돌담 같다.

고개 들어 멀리 있는 야산을 바라본다. 젊은 시절 무거운 메를 들고 큰 바위를 향해 힘차게 내리치던 아버지의 모습이 눈앞에 아른거린다. 아버지는 닳아버린 연장통을 저무는 해를 등지고야 겨우 내려놓았다. 주인을 잃은 연장통 위로 세월의 더께가 자꾸만 쌓여 간다. 아버지가 옆에 계셨으면 굳은살 박인 손에 가만히 입을 맞춰 드리련만….

검정 고무신

 전날부터 내린 비는 아침이 되어도 그칠 기미가 없다. 4월이지만 비가 와서 그런지 제법 쌀쌀하다. 마지막까지 남아있던 벚꽃이 더는 버티지 못하고 쓸쓸히 떨어진다. 피고 지는 일이 서러워서 한 잎 한 잎 눈물비로 내린다. 추적추적 내리던 비는 어느새 가루비로 바뀌었다. 예정된 행사가 잘 치러지기를 바라며 집을 나섰다.

 일행을 태운 차는 한참을 달려 다랑쉬굴 진입로에 도착했다. 입구에 들어서자 좁다란 농로가 간밤에 내린 비로 물바다가 되었다. 굴을 찾아가는 일이 녹록하지 않다. 일 년 만에 다시 찾은 굴은 변함없이 사위가 조용하다. 어디서 날아왔는지 까마귀가 나무 위에 내려앉는다. 까마귀를 보니 억울하게 희생된 영혼을 지키러 온 호위무사 같다.

다랑쉬오름에서 동쪽으로 조금 내려간 곳에 자리한 다랑쉬굴은 풀과 잡초가 무성한 들판이다. 제주 4·3연구소에 의해 발견되기 전에는 가시덤불에 가려져 눈여겨보지 않으면 쉽게 찾을 수 없는 곳이었다. 굴 입구는 한 사람이 겨우 들어갈 정도로 비좁다. 지상의 빛이 굴속에 오롯이 갇히니 그저 아득하다.

어둠이 삼켜버린 세상은 두 눈이 멀쩡해도 보지 못하고 두 다리가 건강해도 마음껏 걸을 수 없다. 빛이 없는 굴속의 어둠은 더욱 짙다. 희미하게 내쉬는 숨소리에 무거운 침묵이 흐른다. 잿빛처럼 삭아버린 시간 속에 육체는 사라지고 서러운 영혼만 귀천을 떠돈다. 걸쳤던 옷가지가 녹슬고 주인 잃은 고무신이 빈자리를 지키고 있다. 눈에 띄면 이유 없이 죽임을 당하던 시국을 피해 살자고 들어갔던 굴이 죽음의 장소가 되어버렸다.

다랑쉬굴 속에 숨어있던 하도리와 종달리 주민 열한 명은 1948년 12월 토벌대에 의해 발각되었다. 나가면 죽을 거라는 두려움에 이들은 더욱더 안으로 기어들었다. 굴속에서 나오라는 명령을 듣지 않자, 토벌대는 수류탄을 터트리고 불을 피워 입구를 돌로 막아버렸다. 여자 셋을 포함한 열한 명은 고통을 견디다 결국 연기에 질식되어 숨졌다. 이십 대가 대부분이고 그중에는 채 피지 못한 아홉 살 남자아이도 있었다. 종달리에 사는 채 모 씨도 그 굴에 있었는데 토벌대가 들이닥친 날은 마침 다른 굴에 가 있어 죽음을 피할 수 있었다고 한다.

삶과 죽음이 한순간이다. 죽음의 장소인 그 자리에 있고 없음이다. 건들지 않으면 일어나지 않을 사건으로 인해 많은 사람이 희생된다. 순정한 마음으로 살고자 하지만, 악의 마음은 늘 본능적으로 꿈틀댄다. 정신분석학자 프로이트는 인간에게 두 가지 본능이 있다고 했다. 결합과 화해의 에너지를 주는 생명의 본능 에로스(Eros)와 적개심과 증오심을 바탕으로 생명체를 파괴하려는 죽음의 본능 타나토스(Thantos)이다.

인간은 끊임없이 선함을 추구하지만 죽음의 신을 뛰어넘기란 여간 힘든 게 아니다. 어둠을 의식할 수 있어야 빛의 세계를 제대로 볼 수 있다. 어둠에 갇혀 있는 영혼이 억울함을 끊임없이 이야기하지만, 어디에도 닿지 못하고 허공으로 흩어져 버린다. 원혼의 아픔을 위무하기 위해서는 어둠 안으로 들어가야 한다.

서울에 사는 이생진 시인은 해마다 4월이면 다랑쉬굴 앞에서 열한 구의 원혼을 달래는 '시혼제'를 지낸다. 95세의 노시인은 지팡이 하나 의지한 채 내리는 비도 마다하지 않고 행사를 이끈다. 시인의 얼굴이 파르르 떨린다. "시인은 변호사가 아니라 무당이다. 혼백을 달래는 무당 나는 맨발로 작두에 오르지는 못해도 맨발로 다랑쉬굴에 들어가 그들의 혼을 달랠 수는 있다."라며 자신의 시를 힘주어 읽는다. 노시인이 떨리는 목소리로 한 사람 한 사람 영혼을 불러내면 무용수가 살풀이춤을 추기 시작한다. 첼로의 애절한 음이 잠들어 있는 영혼을 흔들어 깨운다. 어둠에 갇혀 있던 영혼들이 하나둘 세상 밖으로 나온다. 굴 주위를 맴도는 까마귀의 울음소리가 영혼을 대신해 응답하듯 가슴을 파고든다.

하늘도 서러워 눈물을 흘리는지 비는 멈추지 않고 내린다. 무용수가 검정 고무신 두 짝을 들고 노시인이 영혼의 이름을 부를 때마다 한발 한발 내디디며 굴 앞으로 다가간다. 무용수의 손에 들린 고무신이 촉촉한 대지 위에 살포시 놓였다. 비는 내리고 구슬픈 음악은 잠자는 영혼을 깨우기에 충분하다. 무용수의 손에 들린 고무신이 허공을 향해 천천히 걸어간다. 형체는 보이지 않지만, 검정 고무신을 신은 원혼이 금방이라도 하늘에 닿을 듯하다. 깜깜한 굴에서 나와 자유롭게 하늘로 올라가라는 무용수의 몸짓이 내리는 비처럼 처연하다.

엎드려 있던 무용수가 첼로의 격한 연주에 몸을 일으킨다. 맨발로 잡초가 무성한 들판 위를 걸어 다닌다. 고무신을 들고 굴 주위를 한 바퀴 휘휘 돌며 가고 싶은 곳 마음껏 가라고 응어리진 한을 풀어준다. 하늘로 향한 검정 고무신 속에 빗물이 조금씩 고인다. 원혼들이 흘리는 눈물 같다. 시커멓게 그을린 가슴을 씻어내리려는 듯 하늘도 울고 땅도 운다.

억울하게 죽어간 원혼처럼 아프지 않은 이별이 어디 있을까. 겉으로 드러나진 않지만, 마음의 상처 하나쯤은 누구에게나 있을 것이다. 누군가의 잘못으로 상처가 되어버린 사람들이 많다. 가벼운 상처면 쉬이 잊을 수도 있지만 깊게 팬 상처는 시간이 지나도 짙은 흉터로 남는다. 흉터를 눈으로 볼 때마다 아픔이 살아나 또 다른 상처가 된다. 하지만 흉터도 내 몸의 일부다. 나의 내면이 건강해야 삶이 아름다워진다. 시간을 거꾸로 돌릴 수 없기에 흩어질지 모르는 생의 기억을 내 몸의 흉터처럼 안고 살아간다.

내리던 가루비가 서서히 걷혀간다. 살풀이춤이 잦아들자 첼로의 음도 안정을 찾아간다. 무용수의 손에 들린 검정 고무신이 먼 길을 돌고 돌아 다시 굴 앞에 놓였다. 까맣게 타버린 원혼이 하늘로 올라가면서 벗어 놓은 검정 고무신은 제

몫을 다한 듯 홀가분해 보인다.

잿빛 하늘이 거두어진 4월의 대지는 빗물을 머금어 더욱 푸르다. 검정 고무신은 원혼의 발이 되어 걸어간다. 어둠에 갇혔던 설움이 환한 세상을 향해 걸음을 내디뎠다. 굴 주위를 돌며 '까악'거리던 까마귀가 어디론가 힘차게 날갯짓한다.

고사리순

 새벽을 감싸던 는개가 안개비로 내리는 아침이다. 차를 몰고 중산간 마을을 지나간다. 숲 사이로 보이는 조팝나무 꽃줄기가 살며시 손을 흔든다. 달리던 차를 갓길에 잠시 멈추었다. 비를 머금은 고사리가 빼꼼히 고개를 내민다. 어린 순을 감싸고 있는 솜털에 안개가 내려앉아 고사리꽃이 핀 것처럼 이쁘다. 숲에서 고사리를 꺾는 아주머니가 눈에 들어온다. 오래전 어머니의 모습 같다. 그러고 보니 지금이 고사리 장마다.

 고사리 장마가 시작되면 어머니는 포대를 챙기고 고사리 꺾으러 갔다. 차가 없던 시절이라 먼 길을 종일 걸어 다닌다. 가시가 있는 덤불 속에 오동통하고 먹음직스러운 고사리가 많이 있다. 어머니는 가시에 팔이 긁혀 피가 나면서도 고사리꺾기를 포기하지 않았다. 벌이가 없던 시절 고사리는 아이들의 배를 곯지 않게 돈을 벌 수 있는 수단이었다.

 고사리를 한 짐 꺾은 어머니는 어둑어둑할 무렵에야 집으로 돌아왔다. 산과 들판을 헤매었으니 다리가 아프고, 고사리를 꺾을 때마다 허리를 굽혔으니 허리가 아프고, 먹을거리가 변변치 못하니 배가 고팠을 것이다. 하지만 지친 몸을 살필 새도 없이 아궁이에 불을 지폈다. 어렵게 채취한 고사리를 그대로 두면 상품이 안 된다며 곧바로 삶았다.

 장작불을 붙이기 위해 작은 솔가지들을 먼저 태웠다. 그 위로 장작을 하나씩 집어넣는다. 장작은 너무 가까이 두어서도 안 되고 너무 떨어져 있어도 잘 붙지 않는다. 적당한 간격을 유지하며 솔가지에 붙은 불이 장작에 옮겨붙기를 기다려야 한다. 어머니가 잠시 자리를 비운 사이 나는 물이 빨리 끓어오르길 바라며 아궁이에 장작을 많이 집어넣었다. 잘 붙던 장작불이 점차 사그라들며 검은 연기만 가득 차오른다.

 자리로 돌아온 어머니는 아궁이에 들어있는 장작을 몇 개 빼내고 틈틈이 불쏘시개로 뒤집어주었다. 사그라들던 장작불이 다시 활활 타오른다. 어머니는 모든 일에 욕심을 낸다고 다 이루어지는 것이 아니라며, 고사리도 한 번 굽힐 때 하나밖에 꺾을 수 없다고 한다. 허리를 굽혀서 찬찬히 봐야 눈에 들어오는 고사리는 겸손한 마음을 가져야만 꺾을 수 있다고 힘주어 말한다.

가마솥을 뜨겁게 달구는 장작불은 어머니의 고단한 하루를 타닥거리는 불꽃으로 날려 보냈다. 장작은 아낌없이 자신을 태우며 화려한 불꽃을 만든다. 몸이 까맣게 타들어도 아프다거나 뜨겁다고 외면하지 않는다. 물이 팔팔 끓어 고사리가 푹 삶아질 때까지 최선을 다한다. 하지만 마른 장작이라고 눈물이 없는 건 아니다.

햇볕에 잘 마른 장작은 거침없이 불꽃을 내며 활활 타오르지만, 해가 들지 않는 곳에 오래 두어 눅눅해지면 잘 붙지 않아 매운 연기가 난다. 욕심을 내려놓고 살아도 늘 궁핍한 살림으로 어머니의 눈물샘은 마를 날이 없었다. 아궁이 앞에 앉은 어머니의 고단한 하루는 어떤 장작이었을까.

타오르는 장작의 열기를 이기지 못하고 씩씩거리며 내뿜던 수증기가 고사리가 익었음을 알린다. 어머니는 고사리를 소쿠리에 건져 올려 물기를 뺀다. 세상 물정 모르고 머리를 꼿꼿이 세우던 고사리가 한순간에 풀이 죽었다. 누군가에 의해 꺾이지 않았더라면 산과 들을 평정하며 푸르게 피어났을 것이다.

열여덟 살에 결혼한 어머니의 삶도 피어보지 못하고 꺾여버린 고사리 같았다. 삼대독자 집에 시집가서 신혼의 재미도 모른 채 혼인하자마자 4·3사건으로 남편을 잃었다. 진흙 속에서의 삶이 시작되었다. 아무리 박차고 나오려 애써도 몸은 점점 늪으로 빠져들었다. 하지만 진흙에서 연꽃이 피어나듯 어머니의 어둡고 무거운 현실에도 작은 씨앗 하나가 자리를 잡았다. 모래가 속살을 파고드는 아픔을 이겨내고 영롱한 진주를 잉태하는 조개처럼, 슬픔을 삼키며 악착같이 살아서 낳은 아이가 아들이었다.

어머니는 홀몸으로 아이를 키우기 위해서 타인의 손이 잘 닿지 않고 눈에 띄지 않는 가시덤불 속으로 숨어들었다. 가시덤불 속의 고사리가 예쁘고 튼실하듯 열여덟 살 어머니도 참으로 고왔을 것이다. 젊은 나이에 유복자 아들을 데리고 남편 없이 살아내야 하는 생활이 오죽했을까. 어떻게든 견디어 활짝 피어나길 숨죽여 기다렸다.

활짝 핀 고사리는 잘 꺾이지 않는다. 질기게 뿌리를 내려 땅속으로 영역을 넓힌다. 하지만 이슬을 머금은 고사리순의 작은 소망은 오래가지 않았다. 의지가지없이 다시 한번 '툭' 꺾이고 말았다. 피어보지 못하고 솥단지 안에서 푹푹 익어

가는 저 여린 고사리가 자신의 처지 같았다. 어머니의 삶도 활짝 핀 고사리였으면 얼마나 좋았을까.

삶아서 물컹물컹해진 고사리는 모든 걸 포기하고 싶었지만 팔딱이는 작은 생명을 놓을 수는 없었다. 어린 유복자를 데리고 새로운 가정을 꾸렸다. 늘어난 식솔들을 보며 어떻게든 살아야 한다는 생각으로 하루하루를 견뎌냈다. 삶은 고사리를 햇볕에 널어 말리며 해가 들지 않는 어두운 마음도 골고루 마르길 바랐다. 비록 뿌리를 깊게 내리지 못해 위태롭지만, 힘없는 가지에 주렁주렁 매달린 어린 자식들을 지키기 위해 하루도 쉬는 날이 없었다.

어머니가 고사리를 꺾어 오는 날이면 잘 볶아진 고사리 반찬이 밥상에 올라왔다. 힘들게 채취한 고사리지만, 가족들이 먹을 반찬을 만들기 위해 재를 섞은 물에 담갔다. 하루쯤 푹 담가 남아있는 독을 없앤다. 독이 빠진 고사리는 프라이팬에 들기름을 두르고 살살 볶는다. 고소한 냄새가 허기진 배를 더욱 자극한다. 갓 지은 밥을 한 숟가락 듬뿍 떠서 볶은 고사리를 얹어 먹으면 세상 부러울 게 없었다. 무어라 형언할 수 없는 맛이 입안에 감돈다. 걸음걸음마다 허리 숙였을 정성이 고스란히 느껴진다. 어떤 그릇에도 다 담아낼 수 없는 어머니의 마음은 꺾어도 다시 돋아나는 고사리순 같다.

　어머니의 요리는 고급스럽지도 화려하지도 않다. 소박하고 수수하면서도 잊히지 않는 추억으로 기억되는 힘이 있다. 돌아가신 지 오래지만 고사리볶음만 보면 어머니가 옆에 있는 듯하다. 어린 시절 먹었던 그 맛이 고스란히 되살아난다. 먹고 나면 없어져 버리는 음식이 아니라 시간이 갈수록 그때의 감정이 샘솟는다. 먹으면 마냥 행복해지고 가슴에 묻어둔 누군가가 떠오르는 음식을 누구나 한두 개쯤은 갖고 있을 것이다. 사는 동안 단 한 번이라도 맛볼 수 있다면, 그래도 아직은 행복한 사람이다.

　안개 속에서 고사리를 꺾던 아주머니가 시야에서 점점 멀어진다. 잠시 멈추었던 차에 시동을 걸었다. 어머니와 함께했던 시간은 사라지고 없지만, 고사리는 여전히 그 자리에 돋아난다. 당신을 보내고 살아갈 수 있을까 고민하던 시간에도 고사리는 끊임없이 제 할 일을 하고 있었다. 멈추지 않고 험하고 먼 길을 걸어가던 어머니의 시간이 고사리순으로 다시 피어난다.

국화꽃 열한 송이

 사월이다. 봄을 알리는 꽃들이 여기저기에서 모습을 드러낸다. 꽃이 피지 않았다면 풀숲에 가려진 유채꽃, 장다리꽃, 제비꽃이 그 자리에 있다는 걸 몰랐을 것이다. 자기의 존재를 세상에 알리고자 아무리 힘든 상황에서도 해마다 봄이 되면 꽃은 다시 핀다.

 1948년 4·3사건이 일어났다. 그해 12월, 구좌읍 하도리와 종달리 주민 열한 명이 다랑쉬굴에 숨어 살다 토벌대에 발각되어 집단 희생되었다. 역사 속으로 조용히 사라질 수도 있었던 이 사건은 44년이 지나서야 발견되었다. 아이 한 명과 여성 세 명을 포함한 열한 구의 시신, 억울하게 죽어간 원혼들이 세상에 모습을 드러냈다. 살고자 들어간 좁고 어두운 굴속에서 억울한 죽음을 맞이하기가 얼마나 힘들었을까. 토벌대가 굴 입구에 피워 놓은 연기를 마시며 고통 속에 서서히 죽어갔을 희생자의 처절한 절규가 들리는 듯하다. 싸늘한 주검은 언젠가 빛을 볼 수 있다는 절박한 심정으로 오고 가는 봄을 맞이했으리라.

사월이면 제주 섬은 소리 없는 슬픔에 젖는다. 하지만 사람들은 제주의 봄이 왜 슬픈지를 잘 모른다. 이념이 다르다는 이유로 죽고 죽이고, 이념이 뭔지 모르는 사람도 그들의 가족이라는 이유로 죽임을 당했다. 오랜 시간이 흘러도 지워지지 않는 흔적들은 붉은 동백꽃으로 피어난다. 시린 겨울을 견디지 못하고 툭 툭 떨어지는 동백꽃이 처연하다. 떨어진 동백은 죄없이 죽어간 영혼이 차가운 땅으로 스며드는 것 같다.

다랑쉬오름 입구에 흐드러지게 피었던 벚꽃도 서러운지 꽃잎을 떨군다. 지는 벚꽃과 함께 감춰진 슬픈 역사가 흩날린다. 바람을 타고 흩날리는 벚꽃을 보니 영혼들이 어두운 굴을 나와 자유롭게 날아가는 것 같다. 아파도 아프다고 하지 못한 영혼을 누가 달래줄 수 있을까. 그들의 억울함을 들어주고 가슴에 맺힌 한을 풀어줘야 한다.

『그리운 바다 성산포』의 저자 이생진 시인은 4·3으로 억울하게 죽어간 영혼들의 넋을 달래고자 해마다 4월이면 서울에서 내려와 다랑쉬굴 앞에서 '시혼제'를 지낸다. 국화꽃 열한 송이와 막걸리 열한 잔, 떡과 과일을 접시에 담고 다랑쉬굴에 갇혀있던 열한 분의 혼을 부르는 시를 절절히 읊는다. 구순을 넘긴 노시인의 목소리는 가늘게 떨리며 하늘로 울려 퍼진다.

> 이어도사나 이어도사나
> 어머니 숨비소리
> 죽어서 이어도로 가겠다는 한 맺힌 소리에
> 파랑도에서 떠도는 아버지가 고개를 든다
> 이어도에 시추대가 올라온 것은 어머니의 힘
> 올라와야 한다 물 위로 올라와 수천만 년 물에 잠긴
> 설움 씻고 하늘을 보며 살아내야 한다

구천의 혼을 부르는 시를 읊고 나면, 영혼들이 어두운 굴을 나와 자유롭기를 바라는 마음으로 묵념을 올린다. '이어도사나'는 제주도에서 해녀들이 배를 타고 바다로 나갈 때 부르는 구전 민요이다. 제주 여인들은 "열두 폭의 도당치매 눈물로다 여무왔드다."고 했지만, 험난한 자연에 맞서 고된

삶을 살다 보면 눈물 없는 날이 얼마나 있었겠는가. 그렇지만 그들에게 더욱 힘든 것은 이별의 슬픔이었다. 이별이 없는 영원한 이상향에 대한 바다 여인들의 염원을 노래한 것이 '이어도사나'이다. 제주 여인들은 이별 없는 세상에 살고 싶었다. "이어도사나~ 이어도사나~." 어디서 날아왔는지 하얀 나비가 다랑쉬굴 주위를 맴돌다 하늘로 훨훨 날아간다. 날아가는 나비를 따라 고개를 들었다. 구름 한 점 없는 하늘에 돌아가신 시할머니 얼굴이 희미하게 그려진다.

생전에 시할머니는 시할아버지 이야기를 자주 들려주었다. 할머니는 할아버지가 스물일곱 되던 해 생이별했다. 토벌대가 집마다 들이닥쳐 남자들을 무작정 끌고 갔다. 할아버지는 잡히지 않으려고 이리저리 피하다가 숨을 곳을 찾아 집을 나갔다. 그것이 할아버지와 할머니의 마지막 인연이었다. 할아버지는 사라지고 없지만, 꽃은 피고 봄은 다시 왔다.

남편의 빈자리는 너무나 컸다. 여자 혼자 힘으로 딸과 아들, 그리고 젖먹이 막내딸을 키워야 했던 할머니의 삶은 너무나도 팍팍하고 고달팠다. 하지만 무엇보다 견디기 어려운 건 생이별한 남편의 생사였다. 살았는지 죽었는지도 모른 채 시간은 속절없이 흘렀다. 할머니는 꽃이 될 수도 없었고 바람이 될 수도 없었다. 마음은 붉은 꽃처럼 찬란하지만, 그

꽃을 흔들어 줄 한 줄기 바람 없이 힘든 시절을 보내야 했고 거칠게 지나가는 바람 앞에서 숨죽여 살아야 했다.

할머니는 할아버지 이야기를 꺼낼 때마다 목소리가 가늘게 떨렸다. 유해라도 발견되었으면 좋겠다던 말이 아직도 귓전에 맴돈다. 사는 동안 보고 싶은 마음을 얼마나 참고 견뎠을지 할머니의 깊은 한숨을 들으면 짐작이 간다. 동백은 할머니의 한숨과 눈물을 바라보며 붉게 피어올랐다가 온몸을 던지며 떨어졌다. 할머니도 동백도 서로의 마음을 끌어안고 혈육처럼 밤새 울었다.

제주의 아픈 역사, 하지만 그보다 더 아픈 건 슬프고도 억울한 역사를 제대로 아는 사람이 드물다는 것이다. 가슴에 깊이 묻어둔 말을 꺼내기도 두려운 시절, 사람들은 속으로만 울음을 삼키며 살아왔다. 부모와 남편, 아내와 어린 자식이 억울하게 희생되었다는 말을 듣고도 못 들은 척 보고도 못 본 척해야 했다. 꽃과 바람이 숨죽여 있는 동안에도 겨울은 가고 봄은 왔다.

다시 봄, 여전히 자신들을 알리려는 꽃이 여기저기 흐드러지게 피었다. 하지만 남쪽 바다 어디에선가 동백꽃이 다 떨어졌다는 소식이 들린다. 동백꽃이 다 떨어지도록 다랑쉬굴 앞의 국화꽃 열한 송이는 아직도 바람에 흔들리고 있다.

낡은 고무신

 자동차는 쭉 뻗은 아스팔트 길을 달려 숲길로 들어섰다. 진초록의 자연을 만나는 건 숨막히는 공간에서 잠시나마 벗어날 수 있는 시간이다. 쌩쌩 달리던 차는 구불구불한 길을 만나자 저절로 속도가 느려진다. 빠르게 지나칠 때는 잘 보이지 않던 풍경이 천천히 눈으로 읽힌다. 뭐든 자세히 보면 보이지 않던 것의 존재를 느낄 수 있다. 바람의 소리가 들리고 우거진 숲 사이로 살포시 내리는 햇살도 보인다.

 한라산 정상을 오르기 위해 성판악 입구에 도착했다. 산행이 처음인 딸들은 호기심 반 걱정 반이다. 산 날씨는 변덕스러워 예측이 어렵다. 잠깐 비추던 해가 구름에 가려 하늘은 금세 잿빛으로 변한다. 뫼바람이 싸늘하게 옷깃을 파고든다. 어슴푸레한 안개 속에서 까마귀 울음소리가 들려온다. 이제 시작될 산행의 어려움을 까마귀는 온 힘을 다해 알리려나 보다.

입구에서 QR코드를 찍고 사람이 많은 곳을 피해 빠른 걸음으로 걸었다. 한참을 걷다 보니 거친 돌길이 이어졌다. 가파른 곳이라 돌을 딛는 발이 조심스럽다. 한발 한발 집중하며 걷는데 앞서가던 스님 일행을 만났다. 스님은 하얀 고무신을 신고 있었다.

주위를 둘러봐도 고무신을 신고 산을 오르는 사람은 아무도 없다. 사람들은 등산화의 튼튼함을 믿고 거침없이 돌길을 헤집고 나아갔다. 둔탁한 밑창에 눌려 돌이 부서진다. 흙 위로 나와 있는 나무뿌리와 작은 풀들이 아프다고 소리치는 듯하다. 등산화의 발길에 여기저기 흙이 파이고 돌이 무너져 내린다. 많은 사람이 밟고 지나간 자리엔 풀도 자라지 못한다. 반면 고무신을 신은 스님의 걸음은 고요하고 부드럽다.

스님 뒤를 천천히 따라 걷는다. 한 걸음 한 걸음이 아주 신중하다. 결코 서두르거나 조급해하지 않는다. 다음 내디딜 곳을 보면서 조심스럽게 걸음을 옮긴다. 스님에게 물었다. "스님, 고무신을 신어 힘들거나 불편하지 않으세요?" 얼굴에 땀을 훔치며 미소를 보내는 스님의 얼굴에서 이미 답을 찾을 수 있었다.

스님은 산을 오르는 것이 목적이 아니라 산과 호흡하며 온새미로 자연을 느끼고자 고무신을 신었다고 한다. 돌부리에 눌려 아프면 더 조심스럽게 땅을 밟고 자연 앞에서 겸손하지 않으면 다칠 수 있음을 배운다. 스님에게 있어 고무신은 '수행을 위해 함께 걷는다.'라는 의미가 있다. 험난한 수행의 길을 걷고 또 걸으며 낡은 고무신 속에 담긴 땀과 눈물이 헛되지 않음을 몸소 느끼는 듯했다.

등산화를 신은 사람들은 주위를 돌아볼 겨를 없이 산을 오르는 일에만 집중한다. 튼튼한 등산화가 발을 보호해주니 돌길이나 가파른 오르막도 거침없다. 발에 차인 돌들이 아프다고 아우성쳐도 등산화는 꿈쩍하지 않는다. 오로지 제 할 일만 열심이다. 자기밖에 모르는 요즘 사람들을 보는 듯하다. 등산화를 신고도 힘들다며 투덜거리던 막내딸이 고무신을 신은 스님을 보니 미안한지 묵묵히 산을 오른다.

고무신을 보면 소박하고 검소한 친정어머니가 생각난다. 내가 어릴 적에 어머니는 하얀 고무신을 신고 읍내에 다녀오곤 했다. 다녀온 후에는 언제든 신고 나갈 수 있게 깨끗이 닦아 신발장에 보관했다. 밭일 갈 때는 검정 고무신을 신었다. 학교에서 돌아와 어머니가 없으면 신발장을 먼저 봤다. 흰 고무신이 없으면 외출한 것이고, 검정 고무신이 없으면 밭일 가신 거다. 하지만 지금은 흰 고무신도 검정 고무신도 놓여 있지 않다. 고무신을 신고 다시는 돌아올 수 없는 강을 건넜다.

어릴 적, 졸졸 흐르는 개울물에 고무신을 띄우고 어디로 흘러가는지 따라가곤 했다. 무심히 떠내려가는 고무신은 자유로운 영혼을 실은 나룻배 같았다. 지상의 미련을 다 버리고 천천히 노 저어가는 나룻배처럼 어머니도 하얀 고무신을 신고 말없이 떠나갔다. 강을 건넌다는 건 지상의 인연과 작별함이고, 그 사람의 존재가 소멸하는 것이다.

소멸하는 것은 존재하지만, 존재하지 않는 것이다. 사랑하는 사람과의 이별은 심장이 멎을 것 같은 고통이 동반된다. 하얀 고무신이 누렇게 변하도록 지난한 삶을 살아온 어머니는 고무신이라는 마음 그릇에 인생 여정을 담았다. 척박한 밭을 일구고 거친 길을 걷느라 하루도 낡은 고무신을 벗을 날이 없었다. 닳아 해져도 버리지 못하고 군데군데 바늘로 기워 신었다. 어머니의 고단한 삶도 고무신처럼 꿰매며 살았으리라. 친정집에 가서 신발장을 열면 낡은 고무신이 가지런히 놓여 있을 것만 같은데….

어릴 적에는 어머니가 사준 검정 고무신을 신었다. 가끔 운동화나 구두를 신은 친구도 있었지만, 어머니의 마음을 알기에 많이 부러워하지는 않았다. 클로버가 가득한 길을 걸을 때면 얇은 고무 밑창으로 땅의 촉감과 풀의 부드러움이 그대로 느껴졌다. 기어가던 벌레도 고무 신발 위로 올라와 잠시 놀다 간다. 어떤 날은 달팽이 집이 되었다가 쥐며느리 집도 되었다.

돌길에선 함부로 뛰어다니지도 못했다. 조금만 뛰어도 돌부리에 눌려 발이 아팠다. 자연스럽게 거친 곳은 피하고 발걸음이 조심스러워진다. 고무신을 신으면 자늑자늑 걸을 수밖에 없다. 비가 내려도 걱정 없고 흙이 들어가도 물에 씻어 널면 금방 말랐다. 어머니와 밭에서 돌아오는 저녁이면 붉은 노을이 고무신 위로 내려앉았다. 천천히 흘러서 더 그리운 시간이다. 어릴 적 개울물에 띄운 고무신은 어디쯤 흘러가고 있을까.

한참을 오르니 정상에 도착했다. 평소보다 한 시간 이상 더 걸렸다. 천천히 걸어서 그런지 몸은 전보다 덜 힘들다. 딸들은 처음 올라본 정상이라 뿌듯해 한다. 백록담을 둘러보는데 맑았던 하늘이 갑자기 어두워지며 소나기가 쏟아진다. 서둘러 하산 준비를 했다. 인생이라는 길 위에서 때로는 소나기라는 위기를 만난다. 하지만 소나기는 잠시 내리고 그친다. 인생의 고비도 소나기와 같다. 사랑하는 사람과의 이별이 늘 힘들고 아플 것 같지만, 세차게 내리다 그치는 소나기처럼 다 지나간다.

정상의 날씨와 달리 밑으로 내려갈수록 하늘이 참 맑다. 산은 오를 때보다 내려갈 때가 더 힘들다고 한다. 등산화를 신은 한 무더기의 젊은이들이 우르르 달려 내려간다. 혹여 다치지 않을까 아찔하다. 우리 가족은 고무신을 신은 스님의 뒤를 밟으며 조심스럽게 걸었다. 스님끼리 주고받는 말들이 훈훈한 바람을 타고 나뭇가지에 걸린다.

올라갈 때 어슴푸레한 안갯속에서 걱정스럽게 울던 까마귀가 내려오는 일행을 반갑게 맞아준다. 주위를 돌아볼 겨를없이 직진으로 달리던 생활에서 벗어나니 비로소 완만한 곡선이 보인다. 언제나 그 자리를 지키고 있는 산은 지치고 힘든 이에게 넓은 품을 내어준다. 가난하고 구부러진 삶도 가끔은 그리울 때가 있다. 어머니가 계셨으면 어렸을 적에 신었던 낡은 고무신 신고 어둠이 내려앉는 산 어디쯤 두 손 꼭 잡고 천천히 거닐고 싶다.

칼집

과일을 깎다가 손이 베었다. 조심한다고 했는데 아차! 하는 순간 손마디에 상처를 내고 말았다. 불행인지 다행인지 칼날이 무디어 상처가 크지는 않다. 양날의 칼이다. 잘 쓰면 아군이고 방심하면 적이 된다.

칼은 늘 우리 곁에 있다. 매일 만지고 사용한다. 가족을 위해 맛있는 음식을 만들어 주고, 사람의 힘으로 하기 힘든 것도 쉽게 해결해 준다. 하지만 이런 칼이 아주 위험하게 바뀔 수도 있다. 가끔 매체를 통해 들려오는 칼부림 사건은 우리를 공포에 떨게 한다. 늘 우리 곁에 있어 편하기도 하지만, 사람의 목숨을 위협하고 앗아가는 무서운 적이 되기도 한다.

주변에는 온통 적들이 우글댄다. 마스크에 가린 채 얼굴 없는 삶을 강요하는 코로나바이러스, 직장에서 양보 없는 다툼을 해야 하는 사람들, 한 치의 양보도 없이 자신의 주장만 하는 정치가들, 멀리 아프가니스탄에서 힘없는 여성과 아이들을 박해하는 탈레반들….

보이는 적, 보이지 않는 적들이 나를 둘러싸고 있다. 『칼의 노래』에서 김훈은 적의 모습을 이렇게 묘사한다. "사랑이여 아득한 적이여, 너의 모든 생명의 함대는 바람 불고 물결 높은 날 내 마지막 바다 노량으로 오라. 오라, 내 거기서 한 줄기 일자진으로 적을 맞으리."

나는 오늘도 적을 맞아야 한다. 이쪽과 저쪽, 안과 밖, 나와 너 사이에는 항상 적과 동지가 존재했다. 적은 절망의 상황 속에서도 살아남기 위해 몸부림치는 나를 공격한다. 쉴 새 없이 공격하여 위기에 빠뜨린다. 그들과 목숨을 걸고 맞서야 한다. 그렇지 않으면 숨가쁘게 돌아가는 현실에서 살아남을 수 없다.

코로나 이후에 조용하고 변화 없는 삶을 살다 보니 현실이 아닌 환상 속에서 실존적 경험을 하는 듯한 느낌에 사로잡혔다. 어쩌면 코로나 때문이 아니라 나의 삶에서 건널 수 없는 경계가 자리했기 때문이 아닌가 싶다. 고요한 현실 속에서는 언제나 삶과 죽음의 강이 흐르고, 그 강의 이편과 저편에는 항상 적이 존재하고 있었다. 마스크 바깥의 세계에는 죽음이 있었고, 안의 세계에는 적막만이 감돌았다. 적과 동지는 동전의 양면같이 안과 밖에서 공존하며 나를 힘들게 했다. 죽고 죽이는 전장戰場에서 처럼 우리가 살아가는 이 세상은 모양만 다를 뿐 살아가는 전쟁이라는 생각이 들었다.

　소설『칼의 노래』는 삶의 무수한 적에 대한 담론이다. 온갖 냄새가 창궐하는 전장에서 죽음에 맞서는 방법에 대한 고찰이다. 적은 실체를 드러내지 않고 고양이처럼 몰래 다가온다. 격랑 속에서 한 척 몽유夢遊의 배를 타고 다가오는 적을 감당할 길이 없다. 온갖 욕망과 이기심을 부여잡고 오직 살아남기 위해 맞서 보지만, 그들은 애초에 내가 대적할 상대가 아닌지도 모른다. 나를 경멸하고 조롱하며 밀려드는 적, 저 강력한 적에게 맞설 수 있는 전술은 무엇일까.

　밤새며 궁리해도 적을 알 수 없었다. 적은 약한 자에게만 온다. 어둠에 떠밀려 새날이 왔다. 일어나서 다시 나아가자고 다짐하지만, 나에게는 적을 벨 수 있는 날카로운 칼도 제압할 용기도 없었다. 칼은 그저 증오와 저주만 가르쳐 줄 뿐 사랑도 공감도 없다. 마음은 사랑한다고 말하면서도 칼날은 어느덧 적을 향해 있다. 우리는 그렇게 서로 적이 되어갔다.

언제나 적의 얼굴과 나의 얼굴은 함께 있었다.

적은 사랑의 대상이며 동시에 증오의 대상이다. 사랑은 나의 삶만을 위한 것이 아니라 나와 대면하고 있는 적들을 동시에 살게 하는 것이다. 그렇지만 하루를 알 수 없는 이 절박한 세상에서 사랑이라는 아득한 적을 맞이하는 삶은 힘들다. 그래서 기도할 때는 지금 여기 있는 사람은 물론 저 멀리 있는 사람들도 사랑할 수 있게 해달라고 빌어본다. 사랑의 기도는 누군가를 위한 간절한 마음의 상태다. 기도가 이루어지면 이 세상은 조금이라도 희망 있는 곳이 되리라 여겼다.

사랑과 증오 가운데서도 용서와 화해는 존재한다. 아무리 격렬한 전쟁터에서도 피가 돌고 살을 맞대어 사랑하는 사람이 있기 때문이다. 함께 얼굴을 비비고 고통을 느끼며 울음을 터뜨리는 사람이 있기 때문이다. 그래서 사랑이 미움이 되고 증오가 사랑이 되기도 한다. 적을 사랑하게 되는 것과 전장에서 공격자와 피공격자 간에 사랑이 꽃피는 것도 이런 애증의 동질적 감정 때문이 아닐까. 죽음과 파괴와 공포를 부르는 전쟁이라는 극한 상황에서도 사랑은 어떻게든 피어난다.

한평생을 살면서도 남편과 아내는 서로 원수라 하고, 다시 태어나도 당신 같은 사람과는 안 살겠다고 고개를 내젓기도 한다. 그래서 '적과의 동침'이라는 말이 나오는 것인지 모른다. 많은 부부가 적과 동침하고 있다. 언제 벨지 모르는 날카로운 칼을 숨기고 산다. 적이 아닌 인생의 동반자로 받아들이는 칼집이 되려면 얼마의 시간을 더 견디며 이겨내야 할까.

수많은 승전보를 가져다준 바다는 이순신에게는 앞뒤가 꽉 막힌 적으로 둘러싸인 사지와 같았다. 그 바다에서 그는 살지도 죽지도 못할 운명을 느끼고 있었다. 적을 칼로 베는 모든 것의 실체 없음을 슬퍼했다. 그것이 무엇이든 오직 나의 삶을 얻기 위해서 타자를 베어야 했다. 타자는 언제나 나의 건너편에 냉정하게 서 있는 적이었다. 오늘 만나는 적이 가장 무섭고 힘든 적이라고 생각했지만, 내일은 또 다른 적이 나에게 달려들었다.

언제나 가장 무서운 적은 내부에 있었다. 나를 에워싸고 있는 사랑과 돈과 권력에 대한 끝없는 욕망과 이기심, 그러한 적과 싸우는 것이 인생에서 가장 힘든 일이었다. 무한히 버리는 것이 곧 채우는 것임을 알지만, 그것을 실천하기란 쉽지 않았다. 강은 자신을 비움으로써 바다에 이를 수 있고, 새는 둥지를 버림으로써 하늘에 이를 수 있다고 했다. 하지만 나는 그러지 못했다. 힘든 세상에 맞서는 게 두려워 칼집에 웅크린 채 어둠 속에서 살았다. 어쩌면 상처가 두려워 날카로운 칼을 받아들이지 못하는 텅 빈 칼집이었는지 모른다.

날카로운 칼을 칼집에 집어넣었다. 싫은 표정 없이 받아주는 칼집이 새삼 대단해 보인다. 어떤 칼도 스스럼없이 담아내는 칼집을 바라본다. 자기에게 상처 입힐 줄 알면서도 아낌없이 제 몸을 내어주는 부모님 마음 같다. 온갖 비수를 맞으면서도 자식에게 조금이라도 해 될까 싶으면 가차 없이 적을 향해 칼을 뽑아 겨눈다. 그 옛날 이순신 장군이 나라를 지키기 위해 전장에서 적을 향해 칼을 든 것처럼.

이순신은 '베어질 수 없는 적'에 대해 한탄하고 자신을 둘러싸고 있는 적들을 바라보며 고통스러워했다. 어쩌면 나도 늘 베어질 수 없는 적에게 둘러싸여 있다는 사실이 무엇보다 힘들다. 외롭고 힘들어도 이겨내야 한다고 말하지만, 외부의 적도 내부의 적도 쉽게 이겨낼 수가 없다. "고독한 성웅은 적을 가장 사랑한 사람, 치욕스러운 결박의 삶을 누구보다 사랑한 사람"이었듯이, 적은 내가 사랑하는 가족이고 내 곁의 누구인지도 모른다. 적과의 전선은 눈에 보이지 않지만, 가정과 직장과 사회가 모두 전쟁터이다.

지금 나는 전쟁터에 제대로 서 있는가를 다시 묻는다. 아직 이곳은 내가 죽을 곳이 아니다. 이제 적을 맞이하기 위한 고민이 시작되었을 뿐이다. 오라! 사랑이여 아득한 적이여! 나 떨쳐 일어나 기꺼이 그대를 맞으리.

02 / 닻을 내리다

도대불
닻을 내리다
석공의 소원
고장난 벽시계
사이다 한 모금
어머니의 불씨
외눈부처
커튼을 열다
침녀針女

도대불

 오늘도 바다는 쉼 없이 뒤척이고 있다. 출렁이는 바다 저 멀리 노을이 붉게 물든다. 항구를 출발한 배는 우도牛島로 향한다. 항구 근처에는 커다란 등대가 뱃길을 안내하며 서 있다. 바다의 신호등은 등대다. 배들은 등대만 믿고 의지하며 바다를 오간다.

 철썩이는 바다를 보면 언제나 내 가슴은 뛰었다. 농촌에서 자라서인지 어릴 때부터 바다를 동경했다. 망망대해 저 너머에는 어떤 세상이 펼쳐지고 있으며, 어떤 사람이 살고 있을까. 파도에 일렁이는 물결을 보고 있으면 내 곁을 떠나 멀리 가버린 사람들이 배를 타고 금세 돌아올 것 같다. 돌아오는 뱃고동 소리를 들으며 포구에서 꿈을 하역하면 등대는 어둠을 밝혀주었다. 살아가는 일도, 사랑하는 사람과의 이별도, 바다와 등대는 모두 품어줄 것 같았다.

　새로운 근무지 우도로 발령이 났다. 한동안 가족들과 헤어져야 한다는 것이 마음 아팠지만, 바다에서 살고 싶다는 오랜 소망이 이루어진 셈이다. 도착하자마자 섬 전체를 천천히 둘러보았다. 마을 안길과 해안 길을 구석구석 걷다 보니 오래전에 봤던 아름다운 풍경은 사라지고 없다. 그리움도 기다림도 모두 사라지고 상처만 남은 씁쓸한 기분으로 조일리朝日里 부둣가에 다다랐다.

　조일리는 이름에 걸맞게 가장 먼저 아침 해를 맞을 수 있는 곳이다. 조일리 부둣가 입구에 돌무더기로 만들어진 도대불이 버티고 서 있다. 개발의 바람으로 변해가는 마을이 가슴 아픈 듯이, 거친 바람에 맞서 마을을 지키고자 하는 위용 있는 모습을 보인다. 원래 마을의 액을 막고 무사 안녕을 기원하기 위해 세워진 방사탑이었다. 세월이 흘러 기능을 잃게 되자 주민들이 축조해서 도대불로 사용했다.

　도대불은 고기잡이 나간 배가 무사히 돌아오길 바라는 마음으로 마을 어귀에 세워졌다. 해 질 무렵 고기잡이배가 나갈 때 불이 켜지고, 마지막 배가 들어올 때 불이 꺼진다. 도대불은 마을 사람들의 빛이며 희망이었다. 떠남과 돌아옴을 속속들이 알려주는 이정표였다. 깜깜한 밤바다를 밝혀주는 빛은 어부들이 길을 잃지 않고 포구로 돌아올 수 있게 길잡이가 되어준다. 계절을 가리지 않고 의연하게 서서 제 할 일을 한다. 바람이 불면 일렁이는 너울처럼 오가는 시간에도 연연하지 않는다. 바다의 일은 잠시도 마음 놓을 수 없다. 맑다가도 갑자기 해무로 뒤덮이고, 잔잔하다가도 바람이 정신없이 몰아치기도 한다.

 우리의 삶도 예측할 수 없는 바다와 같다. 눈앞의 행복은 어느 순간 눈물이 되고 슬픔이 된다. 영원하자던 약속은 사라지고 가슴 아픈 이별이 찾아온다. 그렇지만 출렁이는 바다에는 이별이 없다. 밀려갔던 파도는 다시 돌아온다. 바다는 인간의 슬픔과 사연을 모른 척 외면하며 저 혼자 철썩인다. 사는 일은 비가 오면 젖어 들고 태풍이 불면 흔들리며 살아가야 하는 빈 바다와 같았다. 사막에 오아시스가 없으면 살 수 없듯이, 바다에 등대가 없다면 외로움을 어떻게 견디며 살까.

 밤새 깜빡이는 등대 불빛은 바다를 풍요롭게 한다. 무적 소리를 올리며 떠나갔던 배가 만선의 깃발을 나부끼며 포구로 돌아온다. 이제 포구에는 왁자지껄한 생명의 시간이 다가온다. 내가 바라보는 바다는 삶과 죽음의 경계이면서 지상에서 영원으로 이어지는 수평선이다. 바다는 끝없이 생동하며 이 지상에서 살아가는 사람들의 욕망을 무화시킨다. 인간의 부질없는 욕망은 부서지는 파도의 포말과 같은 것임을 파도는 일깨워준다. 마음속에서 일어나는 영예와 치욕을 모두 소멸시켜야 영원한 생명의 바다에 닿을 수 있는 것일까. 멀리 뻗어나간 수평선은 끝없는 동경의 세계로 나를 이끌어 간다. 저 아득한 무한의 세계가 나의 삶을 보여주는 듯하다.

부둣가에 갑자기 해무가 몰려오더니 사방은 금세 어둠으로 뒤덮인다. 해변을 거닐던 연인들과 낚시꾼이 바다의 변덕에 어리둥절하다. 조업하던 배의 불빛도 모두 사라지고 없다. 해무가 몰려오는 걸 알고 포구로 귀항한 것인지, 안개에 가려 보이지 않는 건지 분간할 수 없다. 조업을 나간 어부의 가족도 뒤척이며 잠들지 못한다. 도대불은 어부가 무사히 돌아오기를 바라며 먼바다를 향해 밤새 불을 밝힌다.

도대불을 바라보며 방파제에 앉았다. 내가 도대불이 된 것 같은 착각을 하며 멀리서 조업하는 배를 바라본다. 사방은 어둠에 싸여 고요하다. 배가 의지하는 것은 희미하게 비추는 도대불이 전부다. 어부는 오직 불빛 하나만 바라보며 망망대해에서 조업한다. 도대불 불빛은 고기잡이 나간 자식이 무사히 귀가하길 바라는 어머니의 마음과 같다.

누군가를 위해 불을 밝힌다는 건 사랑을 주는 마음이다. 사랑은 사랑으로 다가온다. 옛날에는 오늘날 같은 난방이 없어도 추운 겨울을 따뜻하게 보낼 수 있는 사랑의 불이 있었다. 각지불, 호롱불, 등피불이 몸과 마음을 따뜻하게 해주었다. 그런 불을 피우던 때가 그리워지는 것은 은은하게 피어오르던 사랑의 불빛이 마음을 데워주었기 때문이다.

도대불을 보면 따스한 어머니 품이 생각난다. 어머니는 홍역을 앓던 아들 둘을 마지막까지 품에 안고 젖 냄새와 따뜻한 온기로 감싸 안고 있었다. 희미하게 꺼져가는 숨소리가 가늘게 떨릴 때, 어린 자식을 위해 해줄 수 있는 건 아무 것도 없었다. 죽어가는 두 자식을 모두 가슴에 묻고 남은 시간을 어찌 살았을까. 희미한 바람에도 흔들리는 촛불에 의지해 살아가던 어머니의 하루하루는 어부를 기다리는 도대불의 마음이 아니었을까.

가늘게 떨리던 두 영혼이 힘없이 꺼져버린 후, 어머니는 하루도 거르지 않고 부엌 한구석에 촛불을 밝혔다. 촛불 켜는 일은 누구에게도 시키지 않았다. 제 몸을 태우고 하얗게 굳어버린 촛농을 닦아내며 어머니의 어두운 마음도 닦아내고, 남은 자식이 조금 더 환하게 자라길 바랐을 것이다. 하지만 매일 밝히던 촛불도, 어머니도 이제 더는 볼 수 없다. 조그만 초가집에서 온 가족이 오순도순 이야기꽃을 피우던 모습은 아득한 시간 속으로 사라져 버렸다.

서성이던 부둣가에 어둠이 찾아왔다. 도대불 꼭대기에 올라 넘실대는 바다를 바라본다. 생명이 꺼져가는 두 아들을 안고 밤새 눈물짓던 어머니의 모습이 파도에 출렁인다. 도대불 불빛이 어둠의 바다를 서서히 비춘다. 저 불빛이 어렵고 힘든 모든 사람에게 닿기를 간절히 바라며 도대불을 떠난다.

닻을 내리다

오랜만에 앨범 정리를 했다. 갤러리에 한참을 머물다 어느 시점에 시선이 멈추었다. 사진 속에는 젊은 시절의 어머니가 희미한 미소를 지으며 앉아 계셨다.

과거의 시간을 더듬으며 어머니와의 추억을 떠올렸다. 가냘픈 몸으로 팔 남매를 낳았다. 넉넉하지 않은 살림에 하루하루가 힘들었지만, 인자함과 사랑으로 우리를 키우셨다. 자라면서 어머니가 화를 내거나 욕하는 모습을 별로 본 적이 없다. 많은 자식을 키우다 보면 우여곡절도 많았을 것이고 남에게 말하지 못하는 속앓이도 했을 것이다. 하지만 어머니는 그 많은 아픔을 찢어진 문풍지 덧바르듯 감내하며 늦은 밤 혼자 울음을 삼키곤 했다. 간간이 밤에 울고 있는 어머니를 보며 어린 마음에 나도 숨어 울었던 기억이 앨범 속 오래된 사진처럼 어렴풋하다.

요즘 들어 어머니가 해주던 빙떡이 자꾸만 생각난다. 메밀가루를 얇게 반죽하여 지져낸 후 데쳐서 양념한 무채를 넣어 빙빙 말아 만든 빙떡은 구수하면서도 감칠맛 난다. 소화도 잘되고 칼로리가 적어 다이어트 음식으로도 손색이 없다. 어머니가 계셨으면 한 번씩 만들어주셨을 텐데 잊혀가는 맛이 그리울 뿐이다.

엊그제 그렇게 먹고 싶던 빙떡을 먹게 되었다. 친정 언니에게서 전화가 왔다. 꿈에서 어머니를 만났는데 빙떡을 차롱에 가득 담아 주위 사람들에게 나눠주더라는 것이다. 언니는 어머니가 빙떡이 먹고 싶은 것 같다며 이참에 빙떡을 만들어 산소에 다녀오자고 했다. 나 역시 어머니가 보고 싶어 한울누리공원으로 향했다.

봄비가 추적추적 내린다. 한울누리공원에 활짝 핀 벚꽃이 어머니 장례식날 나풀나풀 내리던 함박눈처럼 힘없이 떨어진다. 어머니의 몸처럼 곱고 여리여리한 꽃잎이 예고 없이 내리는 비바람에 치여 금세 물러져 버린다. 살 한번 쪄 보는 게 소원이라고 말하던 어머니도 벚꽃이 지듯이 그렇게 져 버렸다.

어머니는 암 선고를 받고 2년 넘게 병마와 싸웠다. 한순간에 암이라는 무서운 병을 얻으면서 마른 몸이 점점 더 말라갔다. 병원과 집을 오가며 항암치료를 했지만, 워낙 몸이 약해서 무시무시한 병을 이겨내기가 너무 버거워 보였다. 마른 나무토막처럼 딱딱하게 굳어가는 어머니를 보며 내가 해 드릴 수 있는 건 아무것도 없었다. 아마 어머니가 건강하고 딸인 내가 아팠더라면 점점 삭정이가 되어가는 딸을 그저 바라보고만 있진 않았을 것이다. 자식은 부모에게 바라기만 하고 부모는 자식을 위하여 한없이 헌신하다 혼자 쓸쓸히 사위어 간다.

어머니가 병원 생활을 시작하면서부터 구석구석 손길이 묻어 있는 집은 더는 어머니의 안식처가 아니었다. 가고 싶어도 갈 수 없는 곳은 텅 빈 듯 허허롭다. 병실에 누워서 날마다 집에 대한 걱정으로 가득하다. 마당에 잡초가 자라 뽑아줘야 하는데, 텃밭에 심은 배추와 야채를 솎아 주고 김을 매야 하는데, 고추는 익어가는 대로 따주어야 하는데, 콩도 따주고 상추도 뜯어다 먹고….

지독한 병은 건강했던 어머니를 순식간에 무너뜨렸다. 어머니의 정성스러운 손길을 받으며 무럭무럭 자라던 텃밭의 야채도 하루아침에 주인을 잃고 갈팡질팡한다. 이럴 줄 알

앉으면 항암치료를 시작하지 말 걸, 하는 후회가 밀물처럼 밀려온다. 몸이 약하고 연세도 어느 정도 있으셔서 독한 항암을 견디지 못하는 어머니를 볼 때마다 병원 치료를 시작한 것이 계속 걸린다. 항암치료를 결정하기 전에 환자 본인의 마음을 물어봐도 좋았을 거라는 생각도 부질없이 해본다.

물론 항암 치료라도 하면 나을 수 있을까 하고 지푸라기라도 잡는 심정으로 자식들이 모여 결정한 일이다. 하지만 나이가 들고 몸이 약한 어머니가 감당하기에는 너무 버거웠다. 독한 약물로 음식도 못 먹고 계속 토한다. 병원 생활을 해보지 않아 많이 힘들고 무서웠을 것이다. '아! 이러다 죽는구나.'라고 미리 생을 놓아 버리진 않았을까. 어쩌면 오랫동안 망망대해를 항해하다 돌아와 항구에 정박하기 위해 닻을 내리는 배처럼 어머니도 단말마의 고통에서 벗어나기 위해 스스로 마음에 닻을 내렸는지도 모르겠다.

어머니는 병실과 중환자실을 오가며 힘든 사투를 벌였다. 병원에 입원하고 상태가 점점 안 좋아지니 퇴원할 수도, 퇴원해 주지도 않았다. 일시적 치료 목적으로 무통 주사를 투여하거나 산소호흡기로 생명만을 연장한다. 고통의 시간을 줄이고 편하게 눈을 감고 싶어도 그마저도 마음대로 할 수 없는 게 병원이다. 딱딱한 침대에 누워 여기저기 주삿바늘

꽂고 지내다 그렇게 허망하게 가셨다. 현대의학이 발달하면서 내 몸을, 내 병을, 나의 죽음을 마음대로 할 수 없는 무력한 존재가 되어버리는 현실이 그저 원망스러울 뿐이다.

이제 죽음은 삶과 동떨어진 아득한 세계의 이야기가 아니다. 편하게 잘사는 것만큼 편히 죽는 것도 중요하다. 기계와 약물에 의존해 목숨만 연장하며 사람답게 살지 못한다면 그보다 아프고 비참한 일이 또 있을까. 병원 생활을 하면서 어머니를 떠나보내니 그 마음을 알겠다. 그토록 집에 가보고 싶어 했는데 그러지 못해 늘 마음에 걸린다.

어머니를 보내고 십 년이 훌쩍 지났다. 속 깊은 대화도 마음껏 나누지 못하고 임종도 보지 못했다. 중환자실에 계셔서 면회도 제한되었다. 굳어가는 팔과 다리라도 제대로 주물러 드렸으면 좋았을걸. 살아계실 때 효도를 다하라는 말이 왜 이제야 후회로 오는가. 인생을 살다 보면 수많은 갈림길에 서게 된다. 어떤 길을 택하느냐가 관건이지만 선택한 길에 대한 책임과 후회는 늘 우리의 몫이다. 배가 심하게 흔들릴수록 더 깊이 박히는 닻처럼 어머니에 대한 그리움이 바다 위에서 자꾸만 출렁인다.

하루의 해가 서서히 진다. 저무는 해는 더 빨리 떨어진다. 우리의 인생도 그러하다. 살아갈 시간이 많이 남은 것 같지만 해는 벌써 기울고 있다. 해가 지면 사방은 어둠이 찾아온다. 어둠은 모든 것을 덮어 버린다. 살아 있을 때의 아픔과 슬픔도 어둠의 세계는 우리들의 기억에서 조금씩 지워간다.

　앨범 속에서 아프기 전의 어머니가 여전히 미소를 짓고 있다. 언젠가는 우리 모두 가야 할 이승 너머 어둠의 세상을 그려보며 한참을 뒤적이던 앨범을 조용히 덮었다.

석공의 소원

 시골에 있는 친정집은 엉성하고 투박하게 지어진 돌집이다. 구불구불한 골목에 제멋대로 생긴 돌로 쌓아 만든 올레가 정겨움을 더한다. 골목길 양편으로 서 있는 삼나무 곁을 걸으면 흡사 숲길을 걷는 것처럼 발걸음이 가볍다.

 어릴 적에는 포장되지 않은 울퉁불퉁한 골목길이 무섭고 싫었다. 길 한가운데 구렁이가 자리 잡고 있으면 지나가지 못하고 발만 동동 굴렸다. 학교를 마치고 무거운 가방을 메고 혼자 걷는 것도 무서웠고, 어머니와 함께 등짐을 지고 오가는 것도 고단했다. 그렇지만 세월의 흐름 속에 생각과 마음도 많이 바뀌었다. 어릴 적에는 길게만 보였던 그 길이 지금은 오히려 짧고 정겹게 다가온다.

발걸음을 옮길 때마다 옛일이 하나둘 눈앞에 떠오른다. 숭숭한 담장 구멍에서 어릴 적 친구와 뛰놀던 추억이며 부모 형제와의 사연들이 새벽안개같이 피어난다. 막내딸이 온다며 어머니가 저 멀리서 현관문을 열고 한걸음에 달려 나와 맞아줄 것만 같다.

돌담은 그대로인데 살갑게 맞아주던 어머니는 떠나시고 없다. 어머니가 안 계신 친정집이 듬성듬성 쌓아놓은 돌담처럼 허허롭다. 색 바랜 담쟁이가 기억의 시간을 함께 모아주겠다는 듯이 돌담을 타고 기어오른다. 부모님은 안 계시지만 잔디가 깔린 마당에 앉았다. 생전에 아버지가 심어 놓은 보리수나무가 지붕을 다 덮을 만큼 자라 있다.

친정아버지는 석공 일을 하셨다. 어릴 적 나는 아버지가 일하는 곳에 따라가는 걸 좋아했다. 아무리 묵직한 큰 바위도 아버지 손에만 가면 쪼개지고 다듬어져 예술작품으로 변했다. 돌 만지는 기술이 남달랐던 아버지는 돌에도 생명이 있다고 말씀하시곤 했다. 그래서인지 하잘것없어 보이는 돌 한 조각이라도 함부로 다루지 않았다. 정을 한 번 잘못 사용하면 그 모양이나 용도가 뒤틀려 버린다며 신중에 신중을 기했다.

어디서 석공 일에 대한 가르침을 받은 것도 아닐 텐데 돌을 다듬고 집 짓는 건축 일을 어떻게 배우셨는지 알 수 없다. 석공 일을 달갑지 않게 생각하던 그 시절에 자식들을 가르치고 먹여 살리려고 힘들어도 내색 못 하고 묵묵히 돌을 다듬으며 가난의 한을 풀었을 것이다.

낡은 초가집에 대가족이 사는 게 미안했던지, 어느 날 아버지는 당신의 손기술로 가족이 살 돌집을 짓겠다고 했다. 돌을 깨고 다듬고 하더니 집의 기초가 한 단씩 올라갔다. 어린 마음에 정말 집이 만들어질지 궁금했다. 하지만 한 치의 틈도 없이 돌과 나무가 조립되어 가는 과정이 너무나 신기했다. 하루가 다르게 집 모양을 갖추더니 드디어 돌집이 완성되었다. 창문도 여러 곳에 생겼다. 조그만 창문으로 내다보이는 바깥세상이 한 폭의 그림이 되어 유년 시절 기억 속에 걸려있다.

창문이 많아 바람이 잘 통하는 집이 좋았다. 보이지는 않지만 스스로 다가와 자신의 존재를 알리는 것처럼 바람은 누군가의 마음에 조용히 자리한다. 바람이 들어오지 않는 집은 정 많고 품이 넉넉한 어머니가 없는 집과 같다. 바람이 통한다는 것은 바깥세상과 소통한다는 의미다. 다닥다닥 붙은 아파트는 생각만 해도 답답하고 숨이 막혀온다. 문이 없다는 건 마음이 닫혀 있는 것과 같다. 사람은 소통 없이 혼자 살 수는 없다. 창문을 통해 바람이 자유롭게 넘나들듯 우리의 영혼도 바람을 타고 자유로워지기를 바라면서 아버지는 창을 만들었을 것이다.

아버지는 집에도 생명이 있다고 하면서, 집의 생명은 현관에서 시작된다고 했다. 예로부터 현관은 그 집의 기운을 바꾸고 복을 불러들이는 가장 중요한 관문이라는 것이다. 집의 모든 출입은 현관문으로부터 이루어진다. 가족이 늘 출입하는 곳이므로 현관의 기운이 중요할 수밖에 없다고 강조했다. 손님을 맞이할 때도 그 집에 들어오는 출발점이기 때문에 깔끔하고 안온한 분위기를 느낄 수 있게 해야 한다는 것이다.

돌집을 지은 지 벌써 사십 년의 세월이 흘렀다. 무거운 돌을 옮기고 정교하게 다듬어 집을 만드는 과정이 어느 것 하나 힘들지 않은 것이 없다. 아버지가 만든 돌집은 가족의 육체와 영혼이 숨쉬고 잠들 수 있는 안식처가 되었다. 요즘 사람들은 그저 겉모습이 화려하고 멋진 집만 좋아하지만, 집은 단순히 멋부리고 장식하는 공간이 아니다. 현재의 삶을 영위하고 발전시키는 중요한 장소이며, 미래의 나를 만들고 생기를 불어넣어 줄 터전이다.

세월이 가도 변하지 않는 돌의 성질 때문에 몇십 년이 흐른 지금도 아버지가 지은 돌집은 그대로다. 아니, 모진 풍파와 바람을 견디며 오히려 더 멋스럽고 고고한 맛이 난다. 아버지의 수고와 노력 덕분에 자식들이 아름다운 꿈을 꾸며 유년 시절을 보낼 수 있었다. 사람들이 좋아하는 호화주택을 보면 내면보다는 외면에 더 많은 노력을 들이는 것 같아 마음이 씁쓸할 때가 있다. 겉은 투박하게 보여도 마음이 행복하다면 그 집은 이미 행복한 집이다.

친정집에 가면 돌집에 바쳐진 아버지의 노고와 정성을 다시 보는 듯하다. 어머니가 한땀 한땀 정성 들여 수를 놓듯, 투박한 손에서 돌이 정교하게 다듬어지는 과정을 보며 아버지의 삶도 이러하지 않았을까 생각해 본다. 자신이 하는 일과 삶에 대하여 거짓 없는 마음으로 최선을 다한다는 것이 얼마나 중요한 일인가. 아버지가 좋아하시던 막걸릿잔의 절반은 땀이었고, 절반은 정직하고 성실한 마음이 아니었을까.

어느 날 아버지가 나의 손을 꼭 잡고 말씀하셨다. "나에게 한 가지 소원이 있다면 이 세상에서 영원히 없어지지 않을 튼튼한 집을 짓고 싶다. 그곳에서 사람들이 모여 책 읽고 노래하고 편하게 쉴 수 있으면 얼마나 좋을까." 어쩌면 아버지는 고단한 삶을 잠시 접고 가족과 이별이 없는 행복한 삶을 꿈꿨을지 모른다. 아버지는 이루지 못한 소원을 돌에다 새긴 채 이 세상과 마지막 작별을 하였다.

얼마 전 체코 프라하를 다녀왔다. 날아오를 듯이 높이 솟은 '성비투스 대성당'을 둘러보며 놀라울 만큼 아름답고 웅장한 건축기술에 압도되었다. 하지만 프라하의 건축물처럼 화려한 바로크 양식이나 우아한 로코코 양식은 아니더라도, 친정아버지가 손수 다듬고 쌓아 올린 포근하고 튼튼한 돌집이 나에게는 더 위대하고 정겹다. 오직 가족과 이웃을 생각하며 손이 터지도록 깎았을 돌 하나하나에 아버지의 사랑과 혼이 담겨있다. 아버지가 지은 돌집은 내 마음속에 영원히 없어지지 않을 튼튼한 집이다.

고장난 벽시계

 소리 없이 눈이 내린다. 잎사귀를 다 떨구어 낸 겨울나무는 온몸으로 눈을 맞고 서 있다. 하얀 눈을 뒤집어쓰고 있는 나목(裸木)에 부딪히는 찬바람이 서럽다. 어느 집 울타리 밖으로 힘없이 뻗어 있는 가지에도 소복이 눈이 쌓인다.

 저녁이 되니 온도가 급격히 떨어졌다. 도로가 얼어 차를 세워놓고 퇴근한다. 눈을 맞으며 걷는 게 얼마 만인지 모르겠다. 어릴 적에는 아침에 눈을 뜨면 온 세상이 하얗게 덮여 있는 모습이 왜 그리 좋았던지. 마치 동화 속 주인공이 된 듯이 마냥 행복했다. 빗방울이 얼어 눈으로 내리는 것뿐인데, 보이는 형태에 따라 사람의 마음을 행복하게도 불행하게도 만들 수 있다는 것을 어른이 되어 알았다. 우리의 삶도 그렇다. 매일 같아 보여도 기쁜 날이 있고 슬프기도 하고 웃다가도 울고 울다가도 웃으며 같은 날은 하루도 없다.

한참을 걷다 보니 마을 중간쯤 접어들었다. 누가 이사를 했는지 크린하우스 앞에 버려진 물건들이 가득하다. 장롱과 세탁기가 딱지 붙은 채 서글프게 서 있다. 그 옆으로 아주 오래되어 보이는 괘종시계가 쓰러져 있다. 저들도 버려지기 전에는 어느 집에서 단란한 시간을 보냈을 물건이다. 소중한 잠자리를 제공하는 이불을 보관했을 장롱이지만, 겹겹이 포개진 세월의 무게를 견디지 못해 주저앉고 말았다. 냉장고의 헐거워진 문짝이 겨울바람에 덜컹거린다. 온몸으로 시간을 알려주던 괘종시계는 가족의 하루를 대신해 쉼없이 움직였을 것이다. 더는 쓸모 없다고 버려지는 것이 어디 세간살이뿐일까. 아옹다옹 살아온 시간과 추억과 정든 이웃의 마음도 모두 버려져 있다. 그 속에 내 마음도 흩날리고 있었다.

지상의 모든 것을 다 녹일 것 같던 여름이 지나고 어느새 겨울이 와서 눈이 내린다. 나는 무엇을 하는가. 어디로 가는가. 몇 번이나 같은 말을 되풀이해 보지만, 그 말은 흩날리는 눈처럼 허공으로 사라지고 만다. 여름의 뜨거운 햇볕 아래에서도 거침없이 흘러가던 시간의 속도를 나는 따라잡을 수 없었고, 겨울의 바람은 또 다른 속도로 온몸을 파고든다. 새벽에 일어나 찬바람에 웅크리고 앉아 가족을 위해 기도하던 어머니의 마음을 이제야 조금 알 것 같다.

남에게 베풀기만 좋아하는 아버지를 만나 어머니는 한시도 마음 편할 날이 없었다. 가족의 생계를 책임지다 보니 가녀린 몸은 점점 약해져 갔다. 힘든 몸을 지탱하던 다리도 세월의 무게를 더는 버틸 수 없을 만큼 닳아졌다. 여기저기 고장난 몸이 한겨울에 불어오는 바람을 감당하기 버거웠다. 온몸을 바쳐 흘러가던 어머니의 시간은 마침내 고장난 시계처럼 서서히 멈추고 있었다.

길거리에 버려진 괘종시계를 보니 그냥 지나칠 수가 없다. 쌓인 눈을 털어내고 품에 꼭 안았다. 오래전 친정어머니가 애지중지하던 괘종시계랑 너무나 닮았다. 고장이 나서 버린 건지 아니면 낡았다는 이유로 버림을 당한 건지 알 수 없지만, 집에 가지고 가서 정성껏 고쳐보고 싶었다.

고등학교를 졸업하면서 사회생활을 시작했다. 직장에서 상품으로 아담한 괘종시계를 받았다. 자취방에 놓을까 하다 어머니에게 드렸다. 어머니는 시계를 머리맡에 두고 내가 갈 때마다 좋다고 자랑한다. 시간마다 종을 울려주니 시간의 흐름을 가늠할 수 있어 좋고, 시계추도 아담하니 이쁘다.

종소리가 울릴 때마다 막내딸을 생각한다며 좋아하던 어머니입니다. 댕댕거리는 소리가 은은하게 퍼질 때마다 어머니 마음의 소리도 함께 울려 퍼졌다.

괘종시계와 함께한 시간이 20년이 되었다. 언제부턴지 째깍거리며 잘 가던 시계의 초침이 점점 느려진다. 약이 떨어졌나 싶어 새 건전지를 넣었다. 처음에는 힘을 내는가 싶더니 얼마 지나지 않아 다시 조금씩 뒤처지기 시작한다. 조금만 힘을 내면 될 것 같은데, 더는 힘에 부치는지 넘어갈 듯하다가 그 선을 넘지 못한다.

그 무렵 어머니의 마음도 새까맣게 타들어 가고 있었다. 점점 기력을 잃고 음식도 제대로 먹지 못했다. 폐에 생긴 몹쓸 병이 잘 뛰던 심장을 느리게 했다. 약을 먹고 항암을 해도 더는 나아지지 않는다. 시간이 갈수록 몸은 약해지고 어머니의 기억은 과거로 거슬러 간다. 힘없이 울리는 괘종시계 소리가 유일하게 어머니의 마음을 파고들었다. '댕~댕' 하고 울릴 때마다 시간이 가고 있음을, 아직은 살아 있음을 느꼈을 것이다.

괘종시계의 둔탁한 소리가 색바랜 벽지를 타고 흐른다. 조금씩 뒤처지는 시간이 흘러가는 시간을 따라잡기가 버거운 모양이다. 새 건전지를 넣었지만, 더는 움직이지 못한다.

시계가 시간을 알려주지 못하는 것보다 슬픈 일이 있을까. 마침내 어머니의 시간은 한순간에 방향을 잃고 거친 세월의 강을 건너는 돛단배와 같이 되었다.

강은 쉼 없이 흘러간다. 과거와 현재의 시간이 강물과 함께 흘러 어디론가 사라진다. 흐르는 강을 건넌다는 건 다시 돌아올 수 없는 먼 길을 떠난다는 것이다. 나와 함께 존재했던 것들이 희미하게 멀어져 간다. 고통받고 외롭고 힘들었던 날들이 강물 위에서 출렁인다. 위태롭게 버티던 어머니의 마음이 중심을 잃고 휘청거린다. 팔십 년의 시간을 실은 돛단배가 어둠 속으로 서서히 사라져간다.

이 지상에 영원한 것은 없다. 탄생한다는 건 소멸한다는 것이다. 시간마다 존재를 알리던 괘종시계가 더는 울리지 않는다. 기능을 다 하지 못하면 버려진다는 사실을 괘종시계는 알고 있었을까. 한시도 쉬지 않고 제 역할에 충실했지만, 멈춰버린 시계는 아무도 기억해주지 않는다. 시간은 누군가를 가두는 것이 아니라 마음을 열어두고 끊임없이 기다리는 것이다.

어머니는 자식을 위해 한시도 쉬지 않고 길을 내어줬다. 자식이라는 짐을 등에 지고 험한 산도 오르고 가시가 무성한 길도 마다하지 않았다. 멈추지 않고 시간을 알리던 괘종시계가 기운이 다하여 소리를 멈추듯, 아무리 고달프고 힘들어도 내색하지 않고 꿋꿋이 걸어오던 어머니가 고단한 삶의 길 위에서 걸음을 멈추었다.

  천천히 하늘을 올려다본다. 내리는 눈은 좀처럼 그칠 기미가 없다. 수없이 내리는 눈송이 사이로 어디선가 종소리가 들려온다. 종소리는 어딘가로 흘러나가면서 나를 이끈다. 멈추어 버린 어머니의 시간도 나의 시간도 자꾸 흘러간다. 누군가를 그리워하고 기다리는 것이 멈추지 않는 사랑임을 이제야 알 것 같다.

  집에 도착하여 가지고 온 시계에 약을 넣었다. 멈춰버린 어머니의 괘종시계가 째깍거리며 다시 살아난 듯 움직인다. 지난 시간과 현재의 시간이 포개지며 함께 흐른다. 오늘도 흘러가는 시간에 기대어 어머니의 모습을 조용히 그려본다. 어머니의 가녀린 얼굴이 시계추를 타고 흔들리고 있다.

사이다 한 모금

 어느 별에서 사랑을 전하기 위해 홀연히 찾아온 어린 왕자! 삼대독자 집에 시집와 딸 셋을 내리 낳고 마흔에 겨우 얻은 아들이다.

 시집와서 보니 시할머니도 혼자, 시어머니도 혼자, 그리고 내리 낳은 딸 셋에 나까지 보태면 4대가 사는 집에 여자가 여섯에 남자는 신랑뿐이었다. 게다가 신랑이 삼대독자가 아닌가. 시어머니의 눈치도 힘들지만, 친정어머니의 성화가 이만저만이 아니다. 독자 집안에 시집을 갔으면 도리를 다하여야 한다며 어떻게든 아들을 낳으라 한다.

 친정어머니의 말을 듣고 보니 거역할 수가 없다. 아들을 낳을 수 있다는 한방처방도 해보고 무속인을 찾아가 비법도 받아봤다. 큰딸을 낳고 십삼 년 만에 어렵게 아이를 가졌다. 아들을 낳자 시어머니는 대를 이어줘서 고맙다며 그렇게 기뻐할 수가 없다. 하지만 아들을 꼭 낳아야 한다던 친정어머니는 출산하기 보름 전에 하늘나라로 가셨다. 그렇게 원하던 아들 손주도 보지 못한 채. 아들을 낳고 병실에 누워서 기쁨과 슬픔이 교차해 얼마나 울었는지 모른다.

아들은 온 가족의 사랑을 받으며 잘 자라주었다. 얼마나 영특하고 착한지 엄마를 힘들게 한 적이 없다. 마을에서 애어른으로 불릴 정도다. 키도 또래 아이보다 한 뼘이나 더 컸다. 부족함이 너무 없는 게 단점인 아이였다. 그런 아이가 여섯 살이 되던 8월 어느 날이다. 예방 접종 외에는 병원 갈 일이 없을 정도로 건강했던 아이가 시름시름 앓았다. 감기인가 싶어 동네 의원을 찾았다. 진료하던 의사 선생님 표정이 심상치 않다. 큰 병원을 가보라며 소견서를 써주신다. 그렇게 짧은 시간에 '백혈병' 진단을 받고 기약 없는 긴 치료가 시작되었다.

병원 생활을 한 지 일 년이 넘어간다. 집을 떠나 병원에 입원하고 병원 밖을 나가보지 못했다. 아이와 나는 푸르렀던 창밖 은행나무가 노랗게 물드는 것을 보며 계절이 바뀌고 있음을 알았다. 창살 없는 감옥이 따로 없었다. 평범한 일상이 너무나 소중하고 감사하다는 것을 뼈저리게 느낀다.

　병원 스케줄에 맞춰 항암 치료를 하던 중 덜컥 폐렴에 걸렸다. 거기다 췌장염이 있다며 한 달 넘게 금식이다. 조그만 몸으로 독한 항암을 이겨내기도 힘든데 아무것도 먹지 못하는 아이가 이 치료를 어떻게 견딜 수 있을까. 아들은 속이 메스거리는지 사이다가 너무 먹고 싶다고 애원한다. 하긴 먹은 게 없는데 기침을 할 때마다 쉴 새 없이 구토하니 속이 쓰린가 보다. 안 된다며 달래보지만, 사이다가 눈에 아른거려 잠이 안 오는지 계속 보챈다.

　아침 일곱 시경 눈을 뜨자마자 먹지는 않고 보기만 하겠다며 다시 조른다. 심지어 두 손을 모아 합장한다. 마음 약한 엄마는 할 수 없이 아이의 손을 들어주고 말았다. 사이다 캔을 몇 번 보고 만지고 안아보더니 아주 조금만 먹겠다며 다시 사정한다.

　속상하다. 금식이라 줄 수도 없고, 애처로운 눈으로 바라보는 어린 아들이 너무 안쓰럽다. '그래, 이렇게 먹고 싶어 하는데 사이다 한두 방울에 무슨 일이 있으랴.' 하는 심정으로 아주 조금이 어느 정도냐며 협상에 들어갔다.

　아이의 대답이 생쥐만큼이란다. 한두 방울 정도 생각하고 있던 나는 눈을 동그랗게 뜨며 생쥐만큼이 어느 정도냐고 했더니 고사리 같은 손을 들고 아주 조금을 표시하는 아이. 어른이 생각하는 생쥐와 아이의 눈에 비친 생쥐의 크기가 이렇게 다르다니…. 의료진의 눈치를 보며 종이컵에 아이가 말한 생쥐만큼 따랐다. 힘없는 손으로 조금씩 두어 모금 삼킨다. 목마름으로 축 늘어졌던 식물이 물을 주자 다시 확 살아나는 느낌의 표정을 짓는다. 그렇게도 좋을까.

그러면서 한마디 덧붙인다. "엄마! 소원을 들어줘서 감사합니다. 역시 우리 엄마 최고야!" 하며 엄지손가락을 치켜세운다. 사이다 한두 방울에 행복해하는 아이 앞에서 무슨 말이 필요할까. 아이 대신 내가 아파줄 수만 있다면 하는 마음뿐이다. 아프다고, 힘들다고, 울고 보채도 할말이 없는데 고통 속에서도 고맙다고 말하는 아이 앞에서 한없이 작아진다.

문득 몇 개월 전에 한국 메이크어위시재단에서 소원을 들어준다며 보내온 신청서가 생각났다. 몸과 마음이 아픈 아이들을 위해 소원을 들어준다는 말이 왜 그리도 고맙던지. 신청서를 작성하고는 아이의 상태가 호전되기를 기다리며 우편발송을 미루고 있던 참이었다. 그러면서 은근히 아이가 큰 소원을 말해주길 바라고 있던 터였다. 그런데 아이의 소원이 사이다 한 모금 마시는 거였다. 어른들의 욕심이 아이의 순수한 마음 앞에서 와르르 무너진다.

사이다 한 모금 마시고 십 분쯤 지났나 싶다. 약 먹을 시간이라며 들어온 간호사 선생님이 입으로 먹을 수 없어 코에 연결한 콧줄에 약과 물을 투여한다. 아이는 괴로운지 '욱'하며 바로 토해버린다. 힘겹게 토하고는 더듬거리며 하는 말이 "소원을 다 토해버렸네…."라고 한다. 그 말을 듣는 순간 어떤 말로도 아이의 마음을 대신할 수 없었다. 엄마는 힘들게 먹은 약을 걱정했는데 아이는 어렵게 성취한 소원을 아쉬워한다. 이 못난 엄마는 언제쯤이면 어린 아들의 마음을 조금이나마 이해할 수 있을까?

사이다 몇 모금에 행복해하던 아이가 이 년여의 병원 생활에 마침표를 찍었다. 항암하고 방사선치료하고 이식까지 했다. 하루하루가 긴장의 연속이었다. 노랗던 은행잎이 다 떨어지고 하얀 눈송이가 나풀나풀 날렸다. 추운 계절을 잘 견디면 다시 희망의 봄이 오리라는 믿음으로 견디고 또 견디었다. 여섯 살에 입원하고 일곱 살이 되었다. 비행기를 타고 할머니가 기다리고 있는 집에 꼭 한번 가보고 싶다고 말하는 아이의 눈동자가 점점 힘을 잃어갔다.

그렇게 다시 겨울이 찾아왔다. 십이월 어느 날이다. 그토록 보고 싶어 하던 할머니와 엄마와 아빠 그리고 오붓하게 지내던 세 명의 누나와 작별할 시간이 얼마 남지 않았음을 아는지, 힘이 없어 한마디 못 하던 아이가 젖 먹던 힘을 다하여 마지막 인사를 건넨다. "엄마, 아빠! 부모님은 저를 건강하게 낳아주셨는데 저는 그 명분을 다하지 못하여 정말 죄송합니다." 일곱 살 아이가 남긴 마지막 말이다.

아이는 천사의 날개를 달고 소리 없이 내리는 눈을 맞으며 하늘로 올라갔다. 꼭 안고 있던 엄마의 품에서 하늘의 품으로 날아가 버렸다. 한 자 한 자가 까만 하늘의 별처럼 가슴에 콕콕 박혔다. 어찌 이 말을 잊을 수 있을까. 아이와의 모든 시간이 떨어지는 낙엽처럼 차곡차곡 쌓인다. 환하게 웃는 사진을 보면 금방이라도 "엄마!" 하며 부를 것 같다. 한 번만이라도 다시 품안에 꼭 안아볼 수 있다면…. 길을 가다 또래의 남자아이들을 보면 우리 아이도 살아 있으면 저만큼 자랐을 거라 가늠해 본다. 살며시 눈을 감는다. 일곱 살 아들이 살그머니 다가와 내 품으로 들어온다.

지금은 내 마음에 어린 왕자가 되어버린 아들을 임신했을 때 태몽을 꾸었다. 에덴동산에 있는 사과나무에서 제일 반짝이는 사과 한 개를 따는 꿈이었다. 태몽을 꾼 지 칠 년 만에 아이를 보내고 일주일 후, 하늘에서 파란빛이 지상으로 내려오더니 천사 옷을 입은 아이가 그 빛을 따라 하늘로 올라가는 꿈을 꾸었다. 어느 별에서 사랑을 전하기 위해 온 어린 왕자가 자기의 명분을 다하여 아픔이 없는 영원한 별로 다시 돌아갔다. 어린 왕자를 보낸 어미의 마음밭에는 해마다 빨간 장미가 한 송이씩 피어난다.

어머니의 불씨

 부모님이 안 계신 친정집은 불씨가 꺼져버린 방처럼 냉하다. 부엌으로 들어가 본다. 아궁이 앞에 쪼그려 앉아 불을 지피던 어머니의 모습이 연기 속에 일렁인다. 유년의 기억이 아득한 시간 속에서 점점 또렷해진다.

 제주 전통 가옥에 난방을 위해 만들어 놓은 곳을 '굴묵'이라 했다. 어릴 적 내가 기억하는 그곳은 빛 한 점 들지 않아 늘 무서워하던 장소다. 창문도 없고 빛도 들지 않아 어둠만이 가득한 곳이다. 햇빛이 눈부신 낮에도 굴묵 안은 여전히 밤이었다. 온통 어둠뿐인 그 속을 밝힐 수 있는 건 오직 어머니의 헌신적인 사랑뿐이었다.

 찬바람이 불기 시작하면 어머니는 하루도 거르지 않고 굴묵에 들어가 불을 지폈다. 밭일하고 늦게 와도 컴컴한 굴 안에서 아궁이에 장작을 묵묵히 밀어 넣었다. 추위에 떨 자식을 생각하며 고단함도 잊은 채 불을 지폈을 것이다.

밤새 달구어진 방은 윗목과 아랫목으로 나뉜다. 아궁이가 넓고 깊지 않아 불기운이 윗목까지 전달되지 않았다. 아랫목은 뜨겁고, 윗목은 춥다. 어머니는 불길이 닿아 뜨끈뜨끈한 아랫목에 자식들을 재웠다. 언제나 그렇듯 바깥 자리에서 추위를 견디며 우리를 지키고 감싸 주었다. 겨울바람이 아무리 추워도 어머니의 품안은 늘 따뜻하고 포근했다.

어머니의 품속과 같은 아랫목은 누구나 차지하고 싶은 공간이다. 아랫목에 산다는 건 빛을 품고 사는 것과 같다. 삶에 여유가 있고 누리고 싶은 것들을 어느 정도 이루고 사는 것이다. 하지만 아랫목을 차지하지 못한 사람은 빛이 들지 않는 어둠 속에서 절망하고 슬퍼한다. 살을 에는 추위를 온몸으로 견뎌내야 한다. 집 없는 사람의 설움이 안과 밖의 경계에서 행복과 불행으로 나누어진다. 하지만 행복과 불행은 분리된 것이 아니다. 우리 삶 속에 같이 존재한다. 많이 가진 사람은 행복하고 그러지 못한 사람은 불행하다면 어찌 이 세상을 살아갈 수 있을까. 어떤 마음가짐으로 살아가느냐에 따라 행복할 수도 있고, 불행한 삶을 살 수도 있다.

한 공간에 윗목과 아랫목이 있는 것처럼 우리의 삶도 기쁨과 슬픔이 함께한다. 얼어 있는 몸과 마음을 포근하게 녹일 수 있는 아랫목은 누군가의 희생과 배려와 노력이 없으면 얻기 힘들다. 하루도 거르지 않고 어둡고 눅눅한 곳에서 불을 지피는 어머니의 고생으로 차갑고 냉랭한 방이 밤새도록 따뜻하고 아늑해진다. 따뜻한 방에서 여러 식구가 옹기종기 모여 잠자던 모습이 화롯불처럼 아련히 피어오른다.

화롯불은 꺼질 듯 꺼지지 않았다. 어머니의 옛이야기도 화로에 담긴 불씨처럼 질기게 이어졌다. 책이 귀한 시절 어머니의 이야기는 자꾸 들어도 지겨운 줄 몰랐다. 은은한 숯불에 익어가는 고구마처럼 가족의 하루도 조잘조잘 풀어놓는 아이들의 입담으로 서서히 깊어갔다.

우리가 어렸을 적에는 놀이가 그리 많지 않았다. 그래서인지 준비물 없이 손쉽게 할 수 있는 숨바꼭질을 많이 했다. 숨바꼭질할 때 아이들이 잘 숨던 곳이 굴묵이었다. 그 속에 숨어 있다는 것을 뻔히 알면서도 무서움과 두려움에 선뜻 들어가지 못하고 입구에서 머뭇거렸다. 어둠에 대한 막연한 공포는 어린 나를 겁쟁이로 만들었다. 굴묵 속에서 뱀이 스멀스멀 기어 나올 것만 같았다. 납작 엎드려 숨어 있던 고양이가 갑자기 뛰쳐나오진 않을까. '전설의 고향에서 보았던

귀신이 나타나면 어떡하나. 온갖 두려운 상상으로 혼자서는 도저히 들어갈 엄두가 나지 않았다.

하루는 큰맘 먹고 어머니 옷자락을 잡고 굴묵 안으로 들어갔다. 어머니와 함께라면 무서움을 이겨낼 용기가 생겼다. 더듬거리며 들어간 굴속은 아무것도 보이지 않았다. 어머니는 익숙한 듯 성냥불을 켜고 아궁이에 땔감을 집어넣고 불을 지폈다. 머지않아 불이 붙으며 어렴풋이 주위가 보이기 시작했다. 그토록 궁금하던 굴묵 내부가 눈으로 읽힌다. 사방이 흙으로 발라져 있고 구석구석 거미줄이 쳐져있다. 내가 무서워하던 뱀과 고양이와 귀신은 어디에도 없었다. 어머니를 따라 용기를 내어 들어가 보지 않았으면 상상 속에 무서운 장소가 되었을 곳이다.

살면서 시도해 보지 않고 미리 포기해 버린 일들이 얼마나 많았던가. 그때 그 나이에 해야만 가능한 일들이 있다. 지나고 나면 후회한들 다시 돌이킬 수 없다. 어머니를 따라 용기를 내어 굴묵 속에 들어가지 않았다면 막연한 공포와 두려움에 떨고 있을 뿐, 많은 일이 펼쳐지고 있어도 모르고 지났을 시간이다. 시간은 잡을 수도 멈출 수도 없다. 그저 유유히 흘러간다. 흘러가는 시간을 내 것으로 만들려면 시간과 함께 흘러가야 한다.

땔감이 시원찮은지 굴묵 안에는 금세 연기가 가득하다. 숨이 막혀온다. 연기를 한껏 들이마시고 눈물과 콧물이 범벅이 되어 콜록거리며 뛰쳐나왔다. 어머니는 그 일을 매일 하고 있었다. 오직 자식이 춥지 않기를 바라는 마음, 그런 사랑이 없으면 어찌 컴컴한 굴속에서 연기를 마셔가며 불을 지필 수 있을까.

아궁이에 불을 지피는 것은 고된 일이다. 불이란 게 막 다뤄도 안 되고 너무 살살 해도 잘 붙지 않는다. 어린 자식을 어르는 것처럼 서서히 붙여가며 공간도 만들어주고 숨쉴 틈을 줘야 한다. 불을 잘 지피려면 장작도 한몫한다. 어머니의 삶도 장작과 같았다. 이리 패이고 저리 패여 여러 갈래로 쪼개져서 비에 젖고 바람에 흐느낀다. 누군가를 위해 뜨거운 불 속도 마다하지 않고 기꺼이 제 몸을 던져 타오른다. 장작이 잘 마르지 않고 젖어 있으면 연기만 나고 화려한 불꽃을 피울 수 없다.

어머니의 나날도 마를 날이 없었다. 진자리에서 자식 둘을 잃었다. 살아 있으면 나의 오빠가 되어 있을 것이다. 어미 품을 떠난 작은 생명이 채 피어보지 못하고 밤하늘에 별이 되었다. 깜깜한 굴묵에서 불을 지피며 남모르게 흘렸을 눈물이 얼마일까. 속울음을 삼키며 남아 있는 자식의 건강을 활활 타오르는 불꽃에 빌었을 것이다. 불을 지피고 나오는 어머니의 머리 위에는 작은 별 두 개가 유난히 반짝였다.

어린 시절 아랫목을 따뜻하게 데워주던 불씨가 서서히 사그라진다. 새벽에는 가족의 밥을 짓느라 아궁이에 불을 지피고, 저녁에는 굴묵에 불을 지피던 어머니도 연기와 함께 사라진 지 오래다. 장작은 다 타서 형체는 없지만, 불씨는 오랫동안 남는다. 우리들의 따뜻한 아랫목을 만들어 주기 위해 아궁이 앞에 앉아 있는 어머니의 불씨는 비가 오고 바람이 거세도 꺼질 줄 모른다.

외눈부처

 낙엽이 곱게 단장하고 떠날 채비를 한다. 뜨거운 여름을 열심히 살았다는 듯 삶에 대한 욕심을 미련 없이 놓아 버린다. 어미 몸에서 한 잎 한 잎 떨어지는 모습이 처연하다. 곳곳에 붉게 떨어진 단풍은 긴 인고의 시간으로 물든 충혈같이 보인다. 뒹구는 낙엽을 휘감고 바람은 저 멀리 사라진다. 나무는 낙엽을 떨구어 내고 그 자리에 봄을 맞을 준비를 한다. 사람이 떠난 길에도 다시 봄이 오면 좋으련만, 계절은 돌아와도 떠난 사람은 영영 오지 않는다.

 시월 어느 날, 둘째 언니는 돌아오지 못할 먼 곳으로 떠났다. 건강이 좋지 않아 병원 생활을 오래했다. 일곱 형제 중에 유일하게 육지에 살고 있어 자주 만나지도 못했다. 가끔 전화통화를 할 때면 고향에 와서 부모님 산소도 가보고 싶고 형제들도 만나고 싶다고 말하곤 했다. 힘겹게 말하는 언니의 목소리는 바람 앞에 흔들리며 버티고 있는 희미한 촛불 같다. 고향에서 먹었던 콩잎과 자리젓이 먹고 싶다고 그렇게 원했지만, 마지막 인사도 나누지 못했다.

인생을 내려놓은 허무한 영혼들이 저녁노을처럼 금세 떨어지고 말았다. 그들은 풀잎 이슬로 맺혀 살다가 묘비명 하나 달랑 남겨두고 떠났다. 이제 그리운 고향과도 이별할 것이다. 토끼풀을 뜯던 들녘의 평화로움도 사라지고 없다. 고향집 마당을 홀로 지키고 있는 커다란 나무의 빈 가지 사이로 바람이 스치듯 지나간다. 꿈에서도 고향을 그리던 언니의 휑한 눈이 나무에 걸려 파르르 떨린다. 언제든 찾아와 쉴 수 있는 마음의 고향이 있어 세찬 바람에도 쓰러지지 않고 버틸 수 있었다. 살아서 올 수 없었던 고향이지만, 죽어서라도 꼭 돌아오기를 바라는 간절한 마음으로 장례식장에 들어섰다.

조카들이 엄마의 영정 앞에서 펑펑 울고 있다. 저들은 앞으로 부모 없이 산다는 것이 얼마나 힘든 아픔인지를 알게 될 것이다. 조카들을 달래며 영정 앞에 앉았다. 언니의 따뜻한 체온을 더는 느낄 수 없다. 모두에게 위로가 필요한 시간이다. 이 세상에는 혼자 짊어져야 할 짐도, 혼자 감당해야 할 슬픔도 없다.

　언니와는 유별난 기억이 많다. 바쁜 어머니를 대신해서 어린 나를 잘 챙겨주었다. 옷도 입혀주고 머리도 곱게 만져주었다. 투병 생활을 오래해서 뼈만 남은 언니가 사진 속에서 슬픈 모습으로 웃고 있다. 그 모습이 잎사귀를 다 떨구고 앙상한 가지만 남아 추위에 떨고 있는 나무 같다. 언니의 몸은 더는 봄을 맞이할 힘이 남아 있지 않았다. 꽃이 진 자리엔 무엇이 남아 있을까. 모진 세월 동안 그렇게 잎을 흔들어대던 바람이 지나가고, 구름이 흘러가면서 어디선가 꽃 한 송이가 졌다는 소식을 전한다.

　누군가의 죽음 앞에만 서면 아들 생각이 난다. 떠날 때가 되어 스스로 떨어지는 꽃들처럼 언젠가는 우리도 소리 없이 다 떨어질 것이다. 때가 되어 떨어지는 꽃은 차라리 아름답다. 하지만 제대로 피어보지도 못하고 바람과 함께 떠나간 어린 꽃은 안쓰럽고 가련하다. 꽃이 머물던 자리와 향기는 아직도 생생한데, 활짝 피어보지 못하고 져버린 아들에 대한 그리움이 극심한 통증으로 가슴을 짓누른다. 살을 다 녹일 것 같은 슬픔이 다시 밀려온다.

　사랑하는 사람과의 뜻하지 않은 이별은 두고두고 아픔으로 남는다. 밤새워 울어보지 않은 사람은 슬픔이 얼마나 깊고 무거운 것인지 모른다. 아무리 계절이 바뀌고 새로운 잎이 돋아나 봄이 와도 마음속에 자리한 슬픔의 흔적은 지워지지 않는다. 많은 시간이 지나도 눈길 닿는 곳마다 아들의 흔적이 배어있다. 기다려도 오지 않을 사람을 나는 늘 기다린다. 슬픔을 담은 잎새 하나가 떨어져 뒹굴고 있다. 세상에서 가장 아름다운 사람을 만나기 위해 뒹구는 잎새를 따라 걷는다.

며칠 전 TV에서 새끼를 잃은 어미 개가 꼼짝하지 않고 끙끙거리고 있는 모습을 보았다. 사라진 새끼가 나타나기만을 기다리며 울고 있는 엄마의 모습으로 보였다. 아무리 기다려도 떠난 새끼는 돌아오지 않고 저녁이 되도록 자리를 지키는 어미 개는 너무나 슬프다. 어미 개는 오늘도 자동차가 다니는 위험한 길에서 비를 맞으며 새끼를 기다리고 있을 것이다.

지나간 날을 생각지 말자고 그렇게 다짐하지만, 봄이 와도 피지 않는 꽃봉오리를 보고 있으면 아이의 가느다란 목소리가 들려온다. 그렇지만 아무리 찾아도 아이는 어디에도 없다. 고향으로 돌아가지 못한 철새처럼 보이지 않는 것을 찾으며 하루를 보낸다. 사랑은 잡지 못하는 파랑새가 되고 해후는 언제나 엇갈리는 초조한 이별이 되었다. 그리움은 꿈길에서도 닿지 않았다. 눈물지으며 슬픈 이름을 불러보지만, 까만 밤이 하얗게 새도 끝내 채워지지 않는다. 그리움은 새의 날개처럼 꺾여 내 곁에 오래도록 머물렀다.

  사랑하는 사람들과 자꾸만 이별한다. 사랑하는 사람을 잃는 것이 모두 내 탓인 것처럼 죽음 앞에서 애끓는 눈물을 흘린다. 아이의 든든한 버팀목이 되어야 했지만 그러지 못했다. 슬픔의 끝이 아무리 멀어도 그 끝이 새로운 시작임을 겨울을 이겨낸 나무는 알고 있다. 내 마음에 박힌 날카로운 가시도 외눈부처를 기다리는 마음에 조금씩 무뎌지겠지. 언제부턴가 하나밖에 없는 눈동자를 가진 삶도 좋다고 생각하며 살게 되었다. 눈이 하나면 어떠한가. 어차피 우리는 완전히 하나가 될 수 없는 불완전한 존재이다. 둘이 하나가 되어야만 완전한 존재로 살아갈 수 있다. 아들은 지금 곁에 없지만, 마음 안에 있기에 하나의 완전한 존재라 여기며 살아간다.

  간밤에 어둠 속에서 일렁이던 불꽃처럼 온몸이 저리도록 안겨있던 아이는 여전히 이룰 수 없는 꿈으로 남아 있다. 아이는 아침이 되어도 이슬에 젖은 날개를 내 품안에 살포시 눕힌다. 밤하늘에 한 떨기 유성이 되어 가슴으로 안겨드는 아이와 만날 수 있는 날이 오기를 손꼽아 본다.

커튼을 열다

 푸른 신호가 5초 남아 있음을 알리며 깜빡거린다. 뛰어가면 충분히 건널 수 있을 것 같다. 하지만 난 건너지 않았다. 다시 푸른 신호다. 건널 준비를 하는데 짐을 잔뜩 실은 트럭 한 대가 경적을 울리며 달려온다. 시끄러운 소리에 놀라 정신이 번쩍 들었다.
 몇 년 전 일이다. 지인이 저녁 늦게 식당 일을 마치고 집으로 가던 중 사고가 일어났다. 건널목에서 신호를 기다리다 파란불이 켜지자마자 길을 건너기 위해 도로로 내려왔다. 그 순간, 자동차가 빨간 신호에 걸리지 않기 위해 속도를 내어 달렸다. 도로에 내려선 사람을 발견하고 차를 멈추기에는 이미 늦어버린 선택이었다. 삶과 죽음이 한 발 차이로 결정되어 버린 상황이 너무 황당하다. 누군가는 고인의 운명이 여기까지라고 한다. 달리던 차가 신호를 무시하지 않고 기다렸다면 운명을 비껴갈 수 있었을까.

지인의 장례식에 참석했다. 상주를 비롯해 조문객들이 술렁댄다. 억울한 죽음도 슬프지만, 장례 절차가 마음에 들지 않는다고 화가 나 있었다. 망자를 대하면서 경건하게 정성을 다하는 모습이 부족하게 느껴졌던 모양이다. 생의 마지막 이별을 해야 하는 장례식은 남아 있는 가족이나 떠나는 망자가 편한 마음으로 이별할 수 있어야 한다. 누구나 한 번은 가야 할 길이다. 인간으로서 존엄성과 삶의 가치, 품위를 지키며 삶을 마무리할 수 있다는 건 고인에 대한 최소한의 예의다. 살아가는 동안 얼마나 가치 있게 사느냐도 의미가 깊지만, 마지막 떠나는 길을 어떻게 떠나는지도 중요한 문제이다.

죽음은 예고가 없다. 갑작스럽게 이별해야 하는 유가족을 대신해서 마지막 가는 길이 외롭지 않도록 이별의 감정을 함께 품어 주고 배웅해주는 사람을 '장례지도사'라 한다. 얼마 전 TV에서 여성 장례지도사를 소개하는 내용을 보았다. 중환자실 간호조무사로 일하던 중 영안실 직원들이 고인에게 예의 없이 대하는 것 같아 장례지도사가 되기로 마음먹게 되었단다. 여성으로서는 갖기 쉽지 않은 직업이다. 자신의 직업을 이야기하면 무섭다며 피하는 사람들 때문에 상처도 많이 받았다고 한다. 하지만 삶과 죽음이 다르지 않다는 걸 알기에 고인에게 최대한 예우를 갖추고 최선을 다한다는 말이 가슴 깊이 와닿았다.

이승의 삶이야 어떻든, 마지막 가는 길은 누구든 외롭게 떠나서는 안 된다. 혼자 가야만 하는 먼 길을 아름답게 떠나도록 고인의 몸을 깨끗이 닦아주고 머리도 감겨 준다. 손가락 마디마디, 발가락 사이사이에 닿는 손길에 숙연해진다. 내가 저 자리에 선다면 고인의 얼굴과 몸과 손을 정성스럽게 만질 수 있을까. 이내 고개를 내젓는다. 아무나 할 수 있는 일이 결코 아니다. 그 일을 피 한 방울 섞이지 않은 사람들이 정성을 다해 매만지고 있다. 아무리 직업이라지만 정말 고인을 생각하는 마음이 없으면 힘든 일이다.

어머니를 떠나보내던 마지막 순간이 생각난다. 시골 마을로 시집와서 문안도 자주 드리지 못했다. 대화도 많이 나누고 먹고 싶은 것도 만들어서 갖다 드려야 한다고 생각했지만, 늘 마음뿐이었다. 몇 년을 병마와 싸우던 어머니는 점점 힘을 잃어갔다. 마지막 호흡을 하는 순간, 의사가 달려와 심폐소생술을 해야 하는 상황이다.

모두가 급박하고 정신이 없는 와중에 어느 간호사가 빙 돌아가며 커튼을 쳤다. 심폐소생술을 하기 위해 어머니의 얄팍한 가슴이 그대로 드러났다. 충격이 가해질 때마다 축 늘어진 젖가슴이 흔들린다. 젖가슴이 흔들리는 만큼 멈춰버린 심장도 움직이길 간절히 바랐다. 하지만 어머니의 심장은 더는 뛰지 않았다.

  목숨이 왔다 갔다 하는 와중에 커튼을 치는 간호사를 본 나는 어이가 없었다. 급박하게 돌아가는 상황에 어머니에게 집중하지 않고 커튼을 꼭 쳐야 했는지 의아했다. 간호사는 내 표정을 읽었는지 조용히 귓속말했다. "어머님이 평소에도 진료할 때마다 젖가슴을 내보이는 걸 많이 부끄러워하셨어요." 그 말을 듣는 순간, '아! 나는 어머니에게 어떤 딸이었나.'라는 회한이 물밀듯 밀려왔다.

  어머니가 지키고 싶어 하던 가장 기본적인 자존심도 헤아리지 못했다는 생각에 얼굴을 들 수가 없었다. 경황이 없던 상황에도 어머니가 부끄러워하며 지키고 싶어 하던 여자의 자존심을 이름도 모르는 간호사가 조용히 지켜드린 것이다. 그리고 간호사는 다시 힘주어 말했다. 이 세상에서 가장 소중한 사람이 떠나는 마지막 모습을 누군가에게 함부로 보여서는 안 된다고.

마지막 자존심을 지켜준 커튼 속에서 어머니는 이승과 작별하고 편안히 잠들었다. 커튼은 삶과 죽음을 경계 지우는 소통이고 통로였다. 숨을 거두면서 자식들이 저 커튼을 다시 열어 주기를 기다렸을지 모를 일이다. 열린 커튼이 다시 닫히듯이 모든 사람은 언젠가 떠나기 마련이다.

어머니를 보내고 많은 시간이 흘렀지만, 커튼을 쳐주며 어머니의 자존심과 존엄한 죽음을 일깨워 준 간호사의 고마움은 잊을 수 없다. 간호사와 어머니는 어떤 인연으로 만나 소중한 깨우침을 나에게 던져 준 것일까. 간호사를 다시 만날 수 있다면 어머니를 대신해 고맙다는 인사를 꼭 전하고 싶다.

세상 속에 살면서 누군가와의 만남은 외면할 수 없는 인연으로 찾아온다. 그것은 바다에서 하루도 쉬지 않고 수 없이 밀려왔다 밀려가는 파도와 같은 것이다. 바다에서 매일 밤 철썩이는 파도는 어머니가 그리워 우는 소리다. 그리움은 맑은 바다의 물밑처럼 비쳐왔다. 나는 바다가 소리 내어 우는 것을 본 적이 없다. 가슴을 깎아내리는 슬픔도 저 혼자 흐느끼고 저 혼자 아파한다. 수많은 세월을 출렁이면서도 그냥 그 자리에 있다. 어머니는 바다였고 나는 바다를 흔드는 파도였다.

아침 일찍 일어나 커튼을 활짝 열었다. 열었다는 것은 마음껏 볼 수 있고 마음껏 받아들인다는 것이다. 걷어낸 커튼이 나와 어머니의 마음의 창을 열어 준다. 아침햇살이 가득 들어와 머문다. 어머니는 지금 푸른 돛을 흔들며 어디쯤 흘러가고 있을지 상상해본다.

한겨울 삭풍 속에서도 씨를 뿌리고 새봄을 준비하듯, 좌절과 고통의 시간을 이겨내고 희망의 노래를 부르는 것도 우리의 몫이다. 커튼을 활짝 열고 다시 시작이다.

침녀針女

밤하늘에 별이 총총하다. 별들과 대화를 나누겠다는 듯이 풀벌레들은 요란하게 소리를 질러댄다. 초등학교에 다니는 딸아이와 집으로 들어서는데 반짝이는 불빛이 시선을 끈다. 자세히 보니 반딧불이다. 이리저리 날아다니는 반딧불이가 까만 밤을 수놓으며 빛난다.

조용한 시골 마을에 난데없이 반딧불이가 날아들었다. 마을회관에서 '퀼트 공예 만들기'가 평생학습센터의 지원으로 진행된다. 저녁이면 고요해지던 시골 마을에 갑자기 환하게 불이 켜지고 초롱초롱한 눈빛들이 한자리에 모인다. 지금껏 없던 풍경이다. 낮에는 밭일에, 직장 일에 지치고 힘들다. 그렇지만 퀼트 공예하는 날에는 강사님도 수강생도 생기가 돌고 눈이 반짝인다.

퀼트(Quilt)라는 말은 외래어지만 우리말로는 '조각보'쯤의 의미를 지닌다. 퀼트의 역사는 엄청나게 길다. 조각보에 '채워 넣은 물건'이란 뜻으로, 고대 이집트 무덤의 파라오 망토에서 퀼트 기법이 처음 사용된 것으로 발견되었다. 쓰다 남은 자투리 천 조각들이 아까워 이를 재활용하기 시작한 것이지만 완성품의 가치는 원래의 모습을 훨씬 능가한다. 퀼트를 할 때 무엇보다 중요한 것은 바늘의 쓰임이다. 바늘이라는 한 조각 철의 움직임으로 이루어지는 바느질이 퀼트의 생명을 좌우한다.

어릴 때 어머니 곁에 앉아 바느질하는 어머니 모습을 바라보는 것이 너무 재미있었다. 어머니는 작은 바늘 하나로 신기한 요술을 부리는 것 같았다. 가족의 옷은 물론 동네 사람들의 찢어지고 해진 옷을 자르고 붙여 새 옷같이 만들어 내었다. 사람들은 어머니를 바느질 잘하는 '침녀針女'라고 불렀다. 바늘을 이리저리 움직이는 어머니의 손길은 날렵하기 그지없었고, 손끝에서 움직이는 바늘은 흡사 날쌘 제비가 날듯이 움직이고 있었다.

어머니는 바늘로 말하는 사람 같았다. 바늘구멍으로 세상을 보고, 바늘귀에 실을 넣어 바느질로 사람의 마음과 마음

침녀針女

을 이어주었다. 세상의 모든 조각을 모아 하나의 완성품으로 만들어 가고자 하는 마음, 그것은 바느질을 통해 사랑과 화합을 이루어내고자 하는 마음이다. 밀려왔다 밀려가는 파도같이 떠나간 것을 불러들이고, 갈라지고 흩어진 것을 한 곳으로 다 모아낸다. 어머니의 바늘은 옷 조각 위에서 끊어졌다가 이어지고, 이어졌다가 끊어진다. 바늘이라는 한 조각 철의 힘이 어찌 저리 위대할 수 있을까.

철로 만들어진 위대한 물건이 어찌 바늘뿐이겠는가. 신에 대한 절대복종의 의미로 인간이 수염을 깔끔하게 깎던 습관에서 만들어졌다는 면도기, 식탁에서 더러운 손을 씻기 싫어 생겨났다는 포크와 나이프, 농사를 짓기 위해서 만든 농기구, 그리고 전쟁을 위해 칼과 총이 만들어졌다. 더 나아가 철의 힘으로 인간은 농업혁명과 산업혁명을 발전시켰다. 철로 된 작은 바늘을 통해 어머니는 작은 사랑과 화합을 실천하고자 했지만, 철은 이 세상에 빛과 같은 위대한 복음을 던져 주었다.

퀼트 공예 공부하는 첫날이다. 호기심 반, 기대 반으로 동네 마을회관으로 향했다. 사람들이 제법 많이 모였다. 신청자가 별로 없을 줄 알고 걱정했는데 뜻밖에 너무 많아 선착순으로 수강생을 선발했다고 한다. 시골에도 이런 열정이 있음에 놀랐다. 한마을에 살면서도 서로 바빠 얼굴 볼일이 좀처럼 없다. 퀼트 공예 덕분에 서로 살아가는 이야기도 하고 자녀의 소식도 나누며 더 가까워진 것 같다. 바늘로 천 조각들을 이어가듯이, 퀼트 공예는 사람과 사람 사이를 친근하게 이어주는 만남이 되었다.

강의가 시작되었다. 제본 뜨고 홈질, 박음질, 반박음질, 공그르기를 가르치는 강사의 말이 귓가에 윙윙 맴돈다. 고등학교 때 잠깐 배운 실력으로는 어림도 없다. 첫걸음마를 배우는 아기가 걸어가듯이 바느질 자국이 삐뚤다. 이러다 제대로 된 작품이 나올지 벌써 걱정이 된다. 남들은 저만큼 앞서가는데 아직도 제자리다.

강사가 걱정스러운지 옆에서 개인 지도를 해준다. 급하다고 건너뛸 수도 없고 돌아서 갈 수도 없는 것이 바느질이다. 정성스러운 바느질 한 땀 한 땀이 모여 비로소 작품이 된다는 사실에 '내가 지금껏 걸어온 발자국은 어떤 작품일까?'라는 의문이 들었다. 귀찮다고 대충 넘긴 일은 없는지, 걸어온 걸음마다 부끄러움은 없는지 곱씹어 본다. 바느질하는 동안 바늘에 수없이 손이 찔렸다. 바늘이 그렇듯이 그동안 철은 인간에게 기쁨과 고통을 동시에 준 것인지 모른다.

피가 많이 흐르면 바느질을 중단했다가 다시 하길 반복한다. 바늘에 찔릴 때마다 살아오면서 가슴 아팠던 기억이 되살아난다. 바느질 한 땀에 어느새 인생의 한 페이지도 같이 꿰매지고 있었다. 바늘은 조금이라도 긴장을 늦추면 가차 없이 내 살 속을 파고든다.

마음은 급하고 진도는 느리지만, 퀼트로 제법 모습을 갖춰가는 가방을 보니 뿌듯하다. 세상 어디에도 없는 나의 작품이라 생각하니 더욱 그렇다. 강의의 처음에는 걷지도 못하고 비틀거렸지만, 10주에 걸친 강의가 끝난 지금은 스스로가 너무 자랑스럽고 기특하다. 산을 오를 때 힘들다고 포기해버리면 정상에서 펼쳐지는 풍경은 영원히 눈에 담을 수 없다.

인생도 그랬다. 결혼하고 처음에는 모든 것이 낯설고 힘들었다. 오랫동안 살아온 집과 가족을 떠나 새롭고 낯선 환경에 적응한다는 것이 결코 쉬운 일은 아니었다. 조각조각을 바늘로 꿰매었다. 평평하고 반듯한 천이 아닌 찢기고 갈라진 천을 메우고 연결했다. 조각보들은 하나씩 이어지며 모습을 갖추어갔다. 남편과 이런저런 이유로 싸움도 많이 하고 울기도 많이 했다. 그 아픔도 함께 꿰매었다. 아이를 기르다 보니 예상하지 못한 큰일이 많이 생겼다. 바늘에 꾹꾹 찔려 피를 흘려가면서 퀼트 가방이 완성되듯이 내 인생도 그렇게 조금씩 새 모습을 갖추게 되었다.

 사람들이 철로 만들어진 작은 바늘의 소중함을 모르듯이, 퀼트가 얼마나 힘든 일인지 모른다. 한 땀 한 땀의 바느질이 모여 하나의 작품이 된다는 사실을 모른 채 그저 남들이 들고 다니는 가방을 보며 부러워한다. 흩어져 있던 내 인생의 조각보는 퀼트로 조금씩 완성되어 갔다.

 늦은 밤, 퀼트를 마치고 돌아가는 시골 여인네들의 눈빛은 반딧불이처럼 밤하늘에 수놓아지고 있다. 어느새 나도 침녀가 되어 있었다.

03 / 하늘나라 우체통

행복의 문
바다의 꽃
만년필과 잉크
그녀의 꽃다발
하늘나라 우체통
벚꽃 엔딩
주름진 시간
사라진 구렁이
에밀레, 에밀레여!

행복의 문

회전문 앞에서 걸음을 멈췄다. 쉬지 않고 돌아가는 문을 비집고 들어가기가 녹록지 않다. 연세가 지긋한 노부부가 멈칫멈칫하다 몇 번을 그냥 넘긴다. 여닫이문이면 도움을 드리련만, 쉬지 않고 움직이는 문 앞에서 속수무책이다.

노부부의 모습을 보니 얼마 전 방영했던 〈이상한 변호사 우영우〉가 떠오른다. 극 중에서 자폐 스펙트럼 장애가 있는 우영우 변호사가 회전문 앞에서 멈칫거리며 당황하던 모습이 잊히지 않는다. 문의 속도와 발의 스텝이 맞지 않아 '쿵 짝짝, 쿵 짝짝' 왈츠 리듬에 맞추어 회전문을 통과하는 모습이 남의 일 같지 않았다. 평범하게 생각하고 생활하는 것이 누군가에게는 아주 특별한 일일 수 있다는 사실에 마음이 머문다.

회전문도 어렵지만 밀면서 들어가는 문도 위험할 때가 있다. 얼마 전 병원을 방문했는데 앞서가는 사람이 있어 뒤를 따랐다. 그런데 들어가면서 밀었던 문을 바로 놓아버려 작은 상처를 입었다. 눈물이 핑 돌았지만, 하소연할 수가 없었다. 조금만 관심을 가지고 뒤에 오는 사람을 위해 잠시 문을 잡아주었다면 얼마나 아름다운 모습으로 기억될까.

누군가 편하게 들어올 수 있게 문을 열어 주는 일, 또한 그 일에 대해 가벼이 넘기지 않고 감사하다는 말로 보답하는 사람이 있으면 이미 아름다운 세상이다. 조그만 관심과 배려에도 감사할 줄 모르고 고마워하지 않는다면 너무 삭막하지 않은가.

오늘도 출근과 함께 '감사합니다.'라는 인사를 하며 시작한다. 인사는 관계의 첫 단추이다. 긴장을 풀어주고 하루의 문을 열어 준다. 창구를 사이에 두고 무수히 많은 사람을 접촉한다. 그들과 어떤 대면을 하느냐에 따라 사무실의 분위기가 바뀌게 된다. 출근길에서부터 마음을 다져 먹는다. 만나는 모든 것에 감사를 표하자. 감사는 표현할수록 생생한 에너지가 사방으로 번져나간다.

지금은 종영되었지만 개그 콘서트에서 경쾌한 리듬의

'감사합니다'라는 음악이 큰 인기였다. 난처한 질문과 대답에도 '감사합니다'를 붙이면 다 해결되었다. 웃자고 만든 프로그램이지만, 이런 상황이 실제 생활에도 이루어진다면 사람들은 화낼 일도 미워할 일도 없을 것이다. 서로 이해하고 용서하는 마음이 가득한 사람과 함께한다는 것은 삶의 축복이다.

나는 요즘 하루에 열 번 이상 감사하는 마음을 가지고 감사한 일들을 글로 남기기 위해 노력한다. 사람은 하루 동안 '감사'라는 말을 얼마나 하는지 궁금하다. 불행하다, 밉다, 짜증난다 등의 증오와 불쾌한 감정 대신 매사에 감사하고 고마운 마음을 갖는다면, 우리의 삶을 더 풍요롭고 윤택하게 만들 수 있다.

일본사람들은 감사하다는 말을 가장 많이 하는 민족으로 알려져 있다. 그래서인지 그에 관한 연구도 많은 듯하다. 일본인 에모토 마사루는 물水과 사람의 심리상태와의 관계를 연구해서 유명해졌다. 수년간의 연구 결과는 전 세계적으로 흥미를 끌었다. 그는 물을 향해 좋은 말이나 나쁜 말을 했을 때 나타나는 물의 반응을 연구했다.

병에 물을 넣고 '사랑한다, 고맙다'라고 말하거나 그런 글자를 보여주면 그 물은 다이아몬드의 예쁜 결정체를 형성했다. 또한 즐거운 음악을 들려주어도 비슷한 양상을 보였다. 반면 '나쁜 놈, 꼴 보기 싫다, 정말 밉다'라는 부정적인 말을 하거나 무서운 영상을 보여주면 물은 분열되거나 혼탁해졌다. 우리의 마음이나 생각이 물의 결정체에 영향을 미치는 것을 보면 아름다운 마음을 가지고 좋은 말을 할 때 인간관계도 잘 형성되어 진다고 본다.

마찬가지로 세 개의 그릇에 밥을 담아 두고 한 그릇에는 매일 아름다운 말을 해주고, 두 번째 그릇에는 부정적인 말을 했다. 그리고 세 번째 그릇은 한쪽 구석에 두고 관심도 보이지 않았다. 한 달 뒤, 첫 번째 그릇에서의 밥은 발효된 상태로 누룩처럼 푸근한 향기를 풍겼고, 두 번째 그릇의 밥은 부패하여 까맣게 변했다. 아예 관심조차 주지 않았던 밥은 누렇게 말라 있었다. 세상에서 무관심보다 무서운 형벌은 없다고 한다. 얼마나 힘들면 부패할 용기도 없었을까.

살아가면서 대화할 상대가 없는 것은 지극히 외로운 일이다. 사람은 혼자서 살 수 없다. 서로 부대끼며 위로하고 도움을 주고받는다. 어느 할머니의 인터뷰에서 살면서 가장 힘든 것이 무엇이냐는 질문에 "아무도 찾아오지 않아 너무 외롭다."라고 답하는 고독한 표정을 보았다. 아무도 오가지 않는 마당 너머를 바라보는 할머니의 휑한 눈동자는 이미 삶을 놓아버린 듯 허허로웠다.

　세상과 단절되어 각자의 삶을 살아가는 요즘, 생의 마지막을 함께해 주는 이 없이 고독사하는 사람이 늘어간다. 언제 이승과 작별했는지도 모른 채 많은 시간이 지나서 발견되기도 한다. 살아생전 미처 전달하지 못한 유품들만 방안에 덩그러니 남아있다.

　사람이 가지고 있는 희로애락의 느낌과 감정이 무생물에도 그대로 적용되고 있다. 사랑과 증오의 감정과 무관심이 얼마나 무서운 것인가. 아이를 낳고 기르면서 잘 자랄 수 있도록 관심과 사랑을 주는 건 너무나 당연한 일이다. 사회에서 문제를 일으키는 아이들을 보면 부모로부터 충분한 사랑을 받지 못했거나 무시와 폭력을 당한 경우가 대부분이다. 충분한 사랑을 받아야 할 그네들이 무관심 속에 버려진 채 어두운 생활을 하고 있다. 생명이 없는 물과 무생물도 따뜻한 말에 반응하는데, 감정을 느끼고 표현하는 사람은 무관심 속에 서서히 시들어간다.

　우리가 일상적으로 내뱉은 말로 인해 사람들은 많은 상처를 받고 그 상처로 아파한다. 언어에 좋지 않은 감정을 실으면 그 말은 흉기가 된다. 입 밖으로 나온 순간부터는 단순히 말이나 언어만으로 끝나지 않는다. 신체에 가해지는 폭력도 있지만, 언어에도 폭력이 있다. 보이지 않는 내면에 꽂혀 조금씩 곪아간다. 손으로 때리는 것보다 말로 하는 폭력이 더 무섭고 상대에게 좋지 않은 인상을 심어주는 것은 바로 말 속에 그 사람의 마음이 담겨있기 때문이다. 가끔은 내 진심과 다르게 전달되고 해석되어 속상할 때도 있지만, 그럴수록 언어의 결을 잘 다듬어야 말의 결도 고와진다.

인간은 혼자서 살 수 없다. 타인과 도움을 주고받으며 존재한다. 나를 도와주는 가족, 이웃, 친구와 동료들이 있어 편안하고 즐겁게 살아갈 수 있다. 이들에게 감사하는 마음을 갖는 것은 당연한 일이다. 날마다 감사하는 작은 습관이 나의 인생을 아름답게 만들어준다. 예로부터 감사하는 마음을 가지면 부가 생기고 불평하는 마음을 가지면 가난이 온다고 했다. 아름다운 생각을 하면 아름다움이 보이고, 감미로운 음악을 들을 수 있고, 부드러움을 느낄 수 있다. 어딘가에서 외로워 울고 있는 사람에게 마음을 내어준다면 그 사람은 감사의 마음으로 가득 찰 것이다.

하루의 시작을 위해 모닝커피를 마신다. 사무실 창밖으로 자연스럽게 시선이 머문다. 지팡이를 짚은 노부부가 아침햇살을 받으며 사무실을 향해 천천히 걸어온다. 현관으로 나가 문을 열고 "어서 오세요."라고 인사한다. 노부부의 얼굴에 감사의 미소가 잔즐거린다.

　오늘도 수많은 인연을 만난다. 결국, 산다는 것은 만나는 모든 것에 감사를 표하는 일이다. 감사하는 마음은 행복으로 가는 문을 활짝 열어 준다.

바다의 꽃

 해안에서 멀지 않은 바다 위에 예닐곱 송이 붉은 꽃이 둥둥 떠다닌다. 해녀들이 바다에 들어갈 때 가지고 간 테왁(해녀가 바다 작업을 할 때 사용하는 도구)은 꽃처럼 한순간 사라졌다가 다시 나타난다. 물 밖으로 나타났다가 물속으로 사라지기를 반복한다. 꽃이 물 바깥으로 나올 때는 '호잇~ 호잇~' 하는 신비로운 소리가 들린다. 숨이 목까지 차올랐을 때 가슴 저 깊은 곳에서 토해져 나오는 생명의 소리다.
 바다는 언제나 출렁인다. 지친 몸과 고단한 삶을 다 품으려는 듯 밀려왔다 밀려간다. 흔들림 속에 풀어놓은 숨비소리가 파도에 휩쓸려 하얗게 부서진다. 자연을 거스르지 않는 해녀의 몸짓이 거친 파도를 뚫고 한 송이 꽃으로 피어난다.

팔순이 넘은 할머니는 얼마 전까지 해녀였다. 어릴 적부터 심장이 좋지 않아 물질하면 안 된다고 했지만, 먹고살기 위해 목숨을 걸고 바다로 갔다. 바다는 할머니 인생의 전부였고 삶의 희망이며 절망이었다. 사는 것이 고달프고 힘들어지면 방파제 끝에 앉아 바다만 바라보았다. 애타게 기다리는 것은 좀처럼 오지 않는다는 것을 알고 있지만, 등대에 기대어 온종일 누군가를 기다렸다.

해녀들은 기다림 속에서 생과 사의 고리를 바다에 이어놓고 산다. 태어날 때부터 정해지는 '숨'의 길이에 따라 상군·중군·하군이라 불리는 계급이 붙는다. 계급에 따라 작업하는 바다의 깊이도 달라진다. 자기의 숨 길이를 누구보다 잘 알고 있기에 아무리 욕심내도 하군이 중군이나 상군이 될 수 없다는 것도 안다. 파도와 파도 사이에서 가냘픈 하얀 이빨을 드러내며 거품을 품어내었다. 할머니는 거친 파도와 싸우며 허기진 살림을 꾸려나갔다. 숨이 한계에 달했을 때 물 위로 올라와 내뱉는 숨비소리는 파도 소리와 함께 바다 끝까지 퍼져나간다. 절절히 핏물 밴 숨비소리를 내쉬며 할머니는 오늘도 바다에서 살아야 했다.

해녀라는 직업은 늘 위험이 따른다. 보험에 가입할 때도 직업을 '해녀'로 적으면 대부분 거절된다. 그만큼 힘들고 아무나 할 수 없는 일이다. 하지만 칠팔십이 넘은 할머니들도 그 일을 하고 있다. 척박한 바닷가에 살다 보니 글보다는 물질을 먼저 배웠다. 어린 나이에 시작한 물질을 놓지 못하고 바다에서 살다 바다로 돌아가는 해녀들이 많다.

한평생 물질하는 해녀에게 바다는 늘 고마우면서도 두려운 대상이다. 바닷속 모습은 신비롭고 아름답다. 하지만 생계를 위해 잠수하는 이들은 비바람이 불고 눈이 내려도 바다로 간다. 몸이 아프고 힘들어도 쉬지 못하고 차가운 물 속에서 작업을 한다. "바다는 아침이 다르고 저녁이 다르다. 오늘도 다르고 내일도 다르고 매일 바다에 들어가도 그 속을 알 수가 없다."라고 할머니는 입버릇처럼 말씀하셨다. 봄날이 가는지 겨울이 오는지도 모른 채 무심한 파도는 밀려왔다 밀려간다. 그 사이 해당화 꽃송이처럼 예쁘던 열일곱 소녀는 어느새 할머니가 되어버렸다.

바다에는 또 다른 세계가 있다. 아름답게만 생각했던 바다는 이승과 저승의 경계로 갈라진다. 해녀의 숨비소리는 삶과 죽음의 세계를 한순간에 보여준다. 삶의 세계는 이승과 저승, 땅과 바다가 마주보며 서 있다. 그 경계를 넘나들면서 살아가야 하는 것이 해녀의 삶이다. 해녀의 숨비소리는 노을 지는 바다를 더욱더 붉게 물들인다. 노을은 소멸을

앞두고 벌이는 아름다운 축제이다. 노을 지는 해변에서 발을 적시며 걷다 보면 밀물과 썰물의 경계는 사라지고 만다.

바다는 주인이 없다. 무욕의 공간이며 욕망의 공간이다. 바다는 인간에게 한없이 베풀어 주지만 조금이라도 욕심을 내면 용서가 없다. 해녀는 살기 위해 숨을 멈춰야만 한다. 물속에 보이는 전복을 따려고 '조금만 더'라고 욕심내는 순간 물 숨을 먹는다. 태어날 때부터 정해진 숨을 인정하지 못하고 한계를 넘으면 바다는 곧 무덤이 된다. 해녀는 꽃의 모습으로 태어나 꽃을 피우기 위해 살다가 꽃이 되어 죽어간다.

할머니의 딸도 혼자 고생하는 어머니를 돕기 위해 꽃다운 나이에 물질을 배울 수밖에 없었다. 어느 날 바다로 나간 다른 해녀들은 다 돌아왔는데 딸은 파도가 어둠 속에 잠길 때까지 끝내 나오지 않았다. 소라와 전복을 제일 많이 하고 곧 나올 거라며 동네 해녀들이 위로의 말을 했지만, 할머니 귀에 그 소리는 평생 가슴에 부딪히고 떠나가던 파도 소리 같았다.

다음날, 걱정한 대로 바닷가에 딸의 테왁만 떠올랐다. 꽃은 떨어지고 꽃잎만 남아 파도에 일렁이고 있었다. 바다는 이처럼 한순간에 삶과 죽음을 갈라놓으며 영원으로 이어진다. 바다는 저물어가고 할머니의 상처는 무채색으로 드리워졌다. 딸을 바다에 묻은 할머니는 더는 파도 소리를 들을 수 없었다. 바다를 쳐다볼 수도 없었다. 딸이 물질을 배운 게 자신의 죄인 양 숨죽여 흐르던 눈물이 허연 물거품이 되어 부서진다. 산다는 것은 저 바다와 같이 흔들리며 저물어 가는 것이다.

딸을 먼저 보내고 할머니도 바다에서 죽음의 고비를 여러 번 넘겼다. 해산물을 채취하고 뭍으로 나오다가 갑자기 심장이 멎는 듯 숨을 쉴 수 없었다. 결국 심장병으로 쓰러지고 말았다. 당장 수술을 해야 했지만, 너무 가난해서 약에 의존하며 치료를 대신했다. 바다에 갈 수 없으니 집안 살림은 엉망이고 느는 건 빚뿐이었다.

빚 독촉에 시달리는 나날이 계속되자 다시 바다로 가지 않을 수 없었다. 꼭꼭 감춰두었던 고무 옷을 챙겨 입고 목숨을 담보하고 바다로 갔다. 넘실거리는 바닷물 속으로 뛰어드니 막혔던 심장이 탁 트이는 것 같았다. 바다는 가슴속에 응어리와 한을 맺히게도, 맺힌 한을 풀어내기도 한다. 저승이 가까워질 때까지 죽을힘을 다해 참았던 숨비소리로 속울음을 토해낸다. 바다가 있기에 해녀는 존재한다. 해녀에게 바다는 곧 생존의 터전이다. 비가 오나 눈이 오나 바다만 허락하면 고무 옷 챙겨 입고 바다로 달려간다.

바다의 꽃

할머니는 바다에 들기 전 늘 다짐한다. 내 몸이 허락하는 만큼만 물질하고 더는 욕심내지 말자. 처음 물질을 배울 때 듣던 말이다. 그 약속을 지켰기에 몸이 안 좋아도 이제껏 물질할 수 있었는지 모른다. 이제 팔순이 넘었다. 관절염이 심해서 유모차에 의지하지 않으면 걷기도 힘들다. 약으로 간간이 버티던 심장이 많이 약해져 이제 영영 바다로 갈 수가 없다. 배운 게 물질인데 바다에 갈 수 없다는 것은 생명을 잃는 거와 같다는 생각이 들었다.

덩그러니 놓인 빈 망사리 속에는 물질할 때 쓰던 물안경과 비창이 제 할 일을 잃고 녹슬어 간다. 파도가 유혹하고 숨비소리가 그리워도 이제 고무 옷을 입을 수 없는 해녀는 낡은 테왁만 물끄러미 바라보며 혼자 되뇐다. '내 생명이 끝나는 날 저 테왁도 사라질 것이다. 테왁은 내 생명의 꽃이며 바다의 꽃이다.'

오늘도 바다의 꽃이 일렁이는 모습을 할머니는 눈물을 흘리며 바라보고 있다. 할머니의 울음소리는 긴 세월 이리저리 떠돌다 파도에 실려 온 딸의 영혼을 부르는 것 같았다. 자유롭게 바다를 유영하던 할머니의 꽃이 바닷속으로 서서히 지고 있다. 바다는 할머니에게 따뜻한 품을 내어주었다.

만년필과 잉크

하얀 눈이 나풀나풀 내리던 날 너와의 인연은 시작되었다. 부모님 손에 이끌려 들어선 곳에서 너를 본 순간 잠시 망설였다. 우리의 만남을 잘 이어갈 수 있을지 잡은 손에서 느껴지는 감촉이 묘하다.

직장생활을 하며 야간대학에 다녔다. 학비와 생활비를 스스로 해결하고 대학을 졸업하는 날이었다. 부모님께서는 도리를 못 한 것 같아 미안하다며 가지고 싶은 것을 말하라고 했다. 그렇게 받은 선물이 만년필이다.

오랜 시간을 연필과 볼펜으로 글을 썼다. 연필은 쓰다가 틀리면 지우고 다시 쓸 수가 있어 무엇보다 편리하다. 심이 닳아지면 칼로 쓱싹쓱싹 깎으면 된다. 뒤틀린 시간은 되돌릴 수 없지만, 기억에서 지우고 싶고 용서받고 싶은 사연을 말끔히 지우고 다시 쓸 수 있다는 사실이 아주 매력적이다. 볼펜도 그렇다. 한번 쓴 글을 지울 수는 없지만, 장소에 구애받지 않고 언제든 꺼내어 필기할 수 있다. 구매도 쉽고 저렴하여 항상 갖고 다닌다.

큰맘 먹고 구매한 만년필은 연필과 볼펜과 함께한 시간이 무색하게 내 마음을 완전히 훔쳐버렸다. 솔직히 첫인상은 별로였다. 뭉툭하고 투박하여 손가락 사이에 잡히는 맛이 불편하게 느껴졌다. 글을 쓰기 위해서는 촉을 눕혀야 하고 누르는 힘도 일정해야 고운 글이 된다. 잉크도 고르게 나오지 않아 글씨체도 제멋대로다. TV에서 보면 고급스러운 선물이나 중요한 서명을 할 때 만년필이 클로즈업된다. 까만색이 흰 백지 위에 그려질 때면 같은 사인이라도 더 고급스럽고 멋있어 보였다. 하지만 보는 것과는 달리 실제 사용해보니 호락호락하지는 않다. 과연 너와의 만남을 잘 이어갈 수 있을까.

연필과 볼펜이 시골 아이처럼 자유롭고 순박하다면, 만년필은 까다로워 보이는 도시 아이 같았다. 아무렇게나 다루지 못해 시간을 가지고 천천히 사용해야 한다. 편하게 살아온 습관 때문에 잘 맞지 않아 만년필 사용을 그만두고 싶었다. 하지만 부모님이 선물해 준 소중한 것이기에 외면할 수 없어 잘 사귀어보기로 마음먹었다.

밤마다 너를 만났다. 우울한 날엔 우울한 글이 되었고, 마음이 아픈 날엔 진한 잉크가 스며들어 서걱거리는 마음을 적셔주었다. 가끔 긴장이 풀리면 날카로운 펜촉이 자극을 주어 다시금 마음을 다잡았다. 눕히고 세우기를 수없이 반복했다. 세우면 써지지 않는 글자들이 허무하게 백지로 남을 때 눕혀서 다시 채워지는 충만감에 행복을 느꼈다.

손에 쥐고 있는 이 만년필은 내가 가장 아끼는 물건이다. 남편이 선물해 준 고가의 가방과 몇 년을 벼르다 장만한 예쁜 원피스도 있지만, 어려운 시절 좋은 글 많이 쓰라며 부모님이 사 준 선물이기에 더욱 애착이 간다. 세월이 흘러 겉모습은 닳아지고 낡았지만, 금이나 스테인리스스틸 등을 이용한 펜촉은 부식에 강하여 제법 쓸 만하다. 철이 주는 강인함과 단단함이 묵직한 만년필을 잡은 손에 그대로 전해진다. 부모님이 나에게 사회생활을 하면서 결코 가볍고 쉽게 살지 말라는 무언의 가르침 같다. 수많은 글자가 살아온 날을 기록하고 살아갈 날을 이야기한다.

만년필을 처음 손에 넣고 쓴 글자가 아직도 생생하다. '어머니, 아버지 고맙습니다.'였다. 지금 이 세상에 존재하지 않는 부모님에게 편지를 쓴다면 뭐라고 쓸까. 펜촉을 타고 흘러나오는 영혼의 울림이 칠흑같이 어두운 밤에 내리는 이슬처럼 축축이 젖어간다. 늦은 밤, 모두가 잠든 방 안에서 한 자 한 자 적다 보면 글자의 의미가 또렷이 새겨진다. 빠르고 쉽게 적히는 연필이나 볼펜처럼 우리의 일상도 숨가쁘게 돌아간다. 하지만 잉크가 마르기를 기다리며 쓰인 글자를 다시 읽다 보면 자신을 한 번 더 돌아보게 된다.

잉크가 없으면 다시 채운다. 비워진 만큼 채워지고 채워진 만큼 다시 비워내는 시간 속에 삶도 비우고 채우기를 반복하며 조금씩 영글어간다. 채워지기만 하고 비워지지 않으면 아픔으로 가득한 마음은 금방 썩고 문드러져 오래 버티지 못할 것이다. 또한 상처난 자리에 새살이 돋아나지 않는다면 두고두고 아픔을 견뎌야 한다.

오랜 시간을 함께한 만년필은 내 삶의 모든 것을 꼼꼼히 기록해준다. 살면서 가슴을 도려내듯 아팠던 일도 일기장 한 면에 빼곡하게 자리했다. 슬프고 기쁜 마음도 촉촉이 적시며 새긴다. 금속으로 만들어진 차가운 펜촉이지만 때로는 따뜻하고 정이 넘치는 글로 나의 마음을 위로해 준다.

늘 반복되는 일이지만 텅 빈 촉을 채우는 일이 왜 이리 힘든지 모르겠다. 결코 쉬운 상대가 아님을 각인시키듯, 손에 묻고 흘리면서 몇 번의 실패를 거듭해야 한다. 그래도 너를 놓지 못하고 다시 비우고 채우기를 반복한다. 텅 빈 속을 끊임없이 채워야 하는 잉크처럼 부모님도 까맣게 타들어 가는 심정으로 나의 비어있는 마음을 자꾸자꾸 어루만져 주셨다. 우리는 부재 속에서 더욱더 존재의 소중함을 깨닫는다. 만년필이 백지를 채워가듯 부모님 잔영이 내 삶의 여백을 차근차근 채워가고 있다.

우리는 연필과 볼펜처럼 빠르고 쉽게 써지고 또 지워져 버리는 디지털 세상에서 숨가쁘게 살고 있다. 느리게 한 자씩 쓰며 젖고 마르기를 기다리는 아날로그 같은 만년필이 더욱 소중하게 생각된다. 만년필은 정성과 노력을 기울여야 제대로 글이 써진다. 글쓰기가 절대 쉽지 않다는 것을 만년필을 통해 배운다. 생각하고, 다듬고, 고쳐가면서 진심과 애정을 담을 때 마음을 움직이는 글이 되지 않을까.

사람의 관계도 그렇다. 갈고 닦고 정성을 기울이면 비우고 다시 채워지는 만년필과 잉크처럼 삶을 기록하며 인생의 동반자가 될 것이다. 훌륭한 목수는 연장 탓을 하지 않는다고 하지만, 만년필로 글을 쓰면 더 멋져 보이는 것은 무슨 이유일까. 나는 오늘도 흰 백지 위에 부모님의 사랑과 그리움을 촘촘하게 채워간다.

그녀의 꽃다발

 그녀의 전화를 받은 건 며칠 전이다. 전화기 너머로 시간을 내줄 수 있느냐고 조심스레 말을 걸어왔다. 문학 공부 모임에서 간혹 만난 적은 있지만, 둘만의 시간을 가진 적은 없었다. 하루가 모자랄 만큼 항상 바쁘게 살아가는 그녀가 느닷없이 만나자고 하니 그 이유가 더욱 궁금하다.

 약속 장소에 도착하니 그녀는 아직 오지 않았다. 쉽게 눈에 띄는 장소에 자리를 잡았다. 의자에 앉아 창밖을 보니 일 년을 다 지내고 기울어가는 12월의 어둠이 차갑게 내려앉고 있다. 그 위로 을씨년스러운 겨울비가 추적추적 내리기 시작한다. 빗소리에 박자라도 맞추듯 째깍거리며 달리는 초침이 분침을 재촉한다. 전화벨이 울린다. 근처에 왔는데 찾지 못하고 주위를 뱅뱅 돌고 있다며 미안해한다. 위치를 다시 안내해 주고 천천히 오라며 전화를 끊었다.

출입문을 열고 들어오는 그녀의 얼굴이 환하게 보인다. 가슴에는 한아름의 꽃다발을 안고 있다. 사뿐사뿐 걸어오더니 꽃다발을 나에게 안겨주며 꼭 껴안는다. 가끔 말보다는 다정한 몸짓이 마음을 더 따뜻하게 해준다. 꽃다발을 받는 것도 행복한 일인데 몸으로 나누는 체온은 말로 표현할 수 없이 따스했다. 안고 있던 몸을 풀며 웬 꽃다발이냐고 물었다.

그녀와 나는 동갑내기다. 마음을 열고 대화하다 보니 비슷한 점이 너무나 많다. 하물며 몇 번이고 갔던 길을 못 찾아 헤매는 것만 봐도 그렇다. 그런 그녀가 얼마 전에 나온 나의 수필집 『기다리는 등대』를 밤새워 읽었다고 한다. 책을 덮으며 찡하게 울리는 마음을 꽃다발로 대신하고 싶어 만나자고 했다며 수줍은 미소를 지어 보인다. 꽃다발이 제법 묵직하다. 생각지도 않은 선물이라 감사의 마음은 더 크다. 많은 양의 크림소국을 가운데 놓고 별모양 같다고 해서 붙여진 스타치스로 빙 둘러 장식한 아주 예쁜 꽃다발이다.

축하할 일이 생기거나 행복한 순간을 함께할 때는 꽃을 선물한다. 언제부턴가 꽃다발이나 꽃바구니를 받을 때 행복감이 예전 같지 않다는 생각이 든다. 물론 받는 순간은 내가 꽃이 된 듯 예쁘고 향기로워서 행복해진다. 하지만 며칠이 지나면 꽃은 향기를 잃어간다. 시들어가는 꽃을 솎아내 보지만 부질없다. 소중한 선물을 버려야 한다는 생각에 마음이 아프다. 선물해 준 사람의 사랑과 정성을 버리는 것 같고, 비싸게 준 돈도 허비하는 것 같아 이래저래 속상하다.

올여름 생일에 딸들이 꽃바구니를 보내왔다. 큼직한 게 제법 값을 치른 것 같다. 꽃바구니는 거실 한쪽에서 더위와 싸우며 하루라도 더 살려고 안간힘을 쓴다. 그렇지만 습기가 많고 무더위가 계속되는 날씨에 손쓸 새도 없이 까맣게 썩어간다. 그 모습을 보니 꽃이 썩는 게 내 탓인 것처럼 가족에게 미안한 마음이 든다.

그녀의 꽃다발은 다를 것이라는 생각이 들었다. 왠지 이 꽃은 시들지 않을 것 같다. 그녀는 내 마음을 꿰뚫기나 하듯 꽃다발에 대해 조곤조곤 설명한다. 꽃집 운영을 하면서 그저 이익을 남기기 위해서가 아니라, 자신이 선물을 받는다는 기분으로 꽃다발을 만든다고 한다. 시들면 버려지는 게 안타깝다는 내 말에 "꽃은 받는 사람이 행복하고 주는 사람이 기쁘면 그것으로 충분한 게 아니냐."고 부드럽지만 강한 목소리로 말한다.

한 다발의 꽃에서 서로 다른 욕심을 가진 인간의 모습을 본다. 손에 쥐는 것은 모두 나의 것이 되기를 바라는 것이 사람의 욕심이다. 그러나 꽃은 꺾이는 아픔을 감수하면서도 우리에게 행복을 주고자 한다. 이런 꽃의 마음을 어찌 다 헤아릴 수 있을 것인가. 제 할 몫을 다하고 시들어가는 꽃이 채우기만 하고 비울 줄 모르는 인간보다 더 아름다운 마음을 지녔다는 생각이 든다.

　여태 주고받은 꽃의 의미를 떠올려 본다. 졸업식에 부모님이 오지 않아 옆 친구의 꽃다발을 보며 부러워하던 때에 친구가 건네준 한 송이 장미는 백 송이 꽃보다 더 값지고 소중했다. 하얀 드레스를 입은 신부의 손에 들려진 부케는 행복한 미소의 기운을 받아 한층 더 눈이 부셨다. 사랑하는 가족을 떠나보내며 바치는 하얀 국화는 다 비우고 떠나는 망자의 애절한 마음을 꽃잎 하나하나에 담아낸다. 많이 가진 사람이나 적게 가진 사람이나 부담 없이 주고받을 수 있는 선물이 꽃 선물이 아닐까. 꽃다발에 담긴 꽃이 새로운 세상과 사람을 아름답게 바라보라고 속삭인다.

　주문한 식사가 나왔다. 하지만 그녀의 지나온 시간을 듣다 보니 음식이 식어가는 것도 까맣게 잊었다. 어느 가슴엔들 아픔이 없겠는가. 힘들고 외로웠던 시간과 가족의 아픈 상처를 풀어놓는 그녀의 눈에 어렴풋이 이슬이 맺힌다. 나 역시 꺼내놓지 못하는 이야기가 밤안개처럼 슬금슬금 피어난다. 가슴에 깊이 남아 있는 상흔은 때와 장소를 가리지 않고 불쑥 얼굴을 내밀어 힘들고 아프게 한다.

그럴 때마다 꽃다발을 받을 때의 행복한 순간을 떠올린다. 겨울이 지나 봄이 오기를 기다리고, 봄이 와서 지천에 꽃이 피듯 상처가 조금씩 아물기를 기다린다. 지난겨울의 거친 바람에 하릴없이 시달리고 흔들렸지만, 새봄을 맞아 따뜻한 햇볕 속에서 다시 피어나 나를 반겨주는 꽃이 너무 기특하다. 흔들려도 꺾이지 않고 기다리면 언젠가는 좋은 날이 올 것이라고 꽃은 나직이 속삭여 준다.

기다린다는 건 아직 다가오지 않은 시간을 말한다. 외딴 역에서 홀로 마지막 열차를 기다리는 시간은 항상 힘들다. 행복의 파랑새가 있는 곳을 향하는 기다림이야 아무리 길어도 설레고 즐거운 일이지만, 아프고 힘든 시간을 기다리며 인내하는 것은 결코 쉬운 일이 아니다. 과거가 있고 미래가 있기에 오늘이 존재한다. 오늘을 잘 살아내면 아름다운 미래가 열리게 될 것이다. "우리가 신호등을 기다리는 건 곧 바뀔 거라는 걸 알기 때문이다."라는 말을 좋아한다. 기다리다 보면 빨간불이 파란불로 바뀌고, 힘들고 어려운 상황도 언젠가는 좋은 일로 채워질 것이다.

꽃은 말이 없다. 지긋한 눈으로 바라보며 그녀와 나의 아픔을 위로해 준다. 잘 견뎌왔다고, 잘 해내고 있다고 은은한 향기로 마음을 다독인다. 그녀가 안겨준 꽃다발을 안고 카페를 나올 때, 좋아하는 칸초네 「꽃의 속삭임」이 들려온다. "당신은 모르고 있나 봐요. 한 송이 꽃 속에 사랑이 넘치는 세계가 담겨 있다는 걸." 꽃다발이 주는 사랑의 속삭임으로 흔들리던 삶에 용기를 내어 본다.

하늘나라 우체통

진도항의 가을 하늘은 유난히 맑고 푸르렀다. 바다는 하늘의 색을 품는다는데 바람에 출렁이는 파도는 어딘지 모르게 슬퍼 보인다. 방파제 난간에 매달린 색바랜 노란 리본이 하염없이 바다를 바라본다.

방파제 중간쯤에 짝 잃은 신발과 누군가 갖다 놓은 바나나우유와 빈 소주병이 그 자리를 조용히 지키고 있다. 밀물과 썰물이 오가는 동안 벌써 팔 년이란 시간이 흘렀다. 세월호에서 살아오기를 간절히 바라던 마음이 시간의 흐름 속에 조금씩 퇴색되고 있었다.

며칠 전 막내딸이 수학여행을 갔다. 딸아이는 설레는지 이 옷 저 옷 입으며 분주하다. 남녀공학이라 잘 보이고 싶어 하는 마음이 엿보인다. 놀이기구는 무서워서 못 탈 거 같다며 너스레를 떤다. 가방에다 옷이며 먹을 간식을 챙기는 딸을 보니 내 생각은 어느새 진도항에 다다랐다.

열여덟 살, 얼마나 풋풋하고 싱그러운 나이인가. 꿈도 많고 해보고 싶은 것도 한창 많을 때이다. 수학여행을 간다며 들떴을 아이들 얼굴을 그려본다. 내 아이가 그렇듯 밤잠도 설치며 날이 밝기를 기다렸을 것이다. 하지만 기쁨도 잠시, 들떠 있던 아이들의 마음은 어둠이 깊은 바닷속으로 영원히 가라앉아 버렸다. 철썩이는 파도는 아이들의 울음도, 죽음의 문턱에서 마지막 힘을 다하여 엄마를 부르는 소리도 무정하게 삼켜버렸다.

아이들이 울부짖으며 하고 싶은 말은 무엇이었을까. 목 놓아 외쳐도 허공에 맴도는 말들은 허연 포말로 흩어져버린다. 마지막 인사도 하지 못하고 한순간에 자식을 잃은 부모는 진도항에 서서 멍하니 바다만 바라본다. 혼자 중얼거리며 서성이지만, 바다는 파도만 만들 뿐 더는 말이 없다.

말하고 싶어도 이 세상에 존재하지 않아 전하지 못한 말들이 마음 안에서 아우성친다. 보고 싶다고, 만지고 싶다고, 한 번만이라도 안아보고 싶다고, 서로 볼을 비비며 따뜻한 온기를 느껴보고 싶다고 수없이 되뇐다. 소중한 기억만 안겨주고 떠나버린 아이들의 빈자리는 무엇으로 채워질까. 덧

하늘나라 우체통

없이 흐르는 시간에 남아있는 기억들도 조금씩 잊히겠지. 흩어질지 모르는 생의 기억을 붙잡고 살아가는 것은 어쩌면 우리가 감당해야 할 삶이 아닐까 싶다. 채 여물지 못하고 떨어져 버린 열매가 땅속에 묻히듯 전달되지 않은 말들이 가슴속에서 묵어간다.

누구에게나 시간은 흐른다. 하지만 절망의 순간에 시간이 멈춰버린 사람들은 늘 아프다. 아픔의 시간이 길어져도 그리움은 스러지지 않는다. 익지 못하고 떨어져 버린 영혼은 지금도 긴 여행을 하고 있을 것이다.

작은 메모지를 꺼내어 손편지를 쓴다. 저마다의 가슴에 간직한 말들이 하늘나라 우체통에 전달되기를 간절히 바라며, 세차게 부는 바람에 편지를 부친다. 노란 리본이 손을 흔든다. 진도항이 시야에서 점점 멀어져 간다.

벚꽃 엔딩

 만개한 벚꽃으로 눈이 부시다. 예전 같으면 벚꽃축제로 많은 사람이 붐볐을 거리다. 하지만 길거리는 한산하고 꽃잎은 저 혼자 외롭다.

 혼탁한 세상을 하얗게 덮어주는 벚꽃과 하얀 마스크를 쓴 사람들이 묘한 대조를 이룬다. 중국 우한에서 시작된 '코로나19'가 우리나라에 확산된 지 벌써 4개월이 지났다. 전 세계가 감염되면서 세상은 혼돈에 빠지고 많은 사람이 죽음을 맞고 있다. 인간이 병을 만들고 그 병으로 인해 인간이 죽어간다. 지칠 줄 모르는 욕심으로 환경은 점점 나빠지고 어두운 공기는 자꾸만 생명을 위협하고 있다.

 어둠 속 저 멀리서 여명이 조금씩 밝아온다. 앞집 개가 사납게 짖어대더니 사람들의 웅성거리는 소리가 고요를 깨뜨린다. 무슨 일인가 싶어 창문을 열고 밖을 내다봤다. 새벽 공기가 싸하게 얼굴에 와닿는다. 할머니와 할아버지, 동네 사람들이 삼삼오오 모여 우체국과 농협하나로마트 앞에 줄을 서 있다. 서둘러 출근 준비를 하고 사무실로 나갔다.

오늘부터 공적 마스크를 판매하는 날이다. 여섯 시에 시작된 줄이 끝이 보이지 않는다. 추운 날씨에 몇 시간을 기다리고 있다. 대부분 나이가 많은 어르신이다. 배정된 수량이 얼마 안 되니 먼저 온 순서대로 드릴 수밖에 없다. 아침 아홉 시부터 판매를 시작하는데 행여나 구매를 못 할까 봐 일찍부터 나와 줄을 서 있다.

줄서기는 다음 날, 그다음 날도 계속되었다. 마스크 한 장을 사기 위해 새벽부터 서 있는 모습이 안쓰럽다. '코로나19'가 사람의 생명을 앗아가는 상황에서 마스크 한 장을 산다는 것이 자신들에게는 더없이 중요한 일이다. 한 장의 마스크에 생명을 맡겨야 하는 사람도 많다.

벌써 여러 해가 흘렀다. 마스크는 아이의 생명줄이었다. 아이는 병원 생활을 할 때 독한 항암치료로 면역이 약해져 사계절 내내 마스크를 착용해야 했다. 겨울에는 그나마 일반인도 마스크를 하고 다녀서 아이가 마스크를 하고 밖에 나가도 남의 시선을 끌지는 않았다. 하지만 여름에는 사정이 달랐다. 그냥 있어도 땀이 줄줄 흐르는데 마스크를 한 아이를 힐끔거리며 바라보던 주위의 시선을 잊을 수가 없다.

소아암 아이들은 면역력이 약해 마스크를 쓰지 않을 수 없다. 사람들은 소아암이 전염될까 봐 마스크를 쓰고 다니는 것으로 오해하지만 오히려 그 반대다. 공기 중에 떠다니는 균이 호흡기를 통해 아이에게 감염될까 봐 좋든 싫든 마스크를 써야 한다.

집안에서든 밖에서든 병원에서든 심지어 잠잘 때도 아이의 얼굴에는 늘 마스크가 있다. 아이의 몸은 면역력이 없어 봄바람에 힘없이 떨어지는 벚꽃처럼 여리고 약하기 때문에 마스크를 벗을 수는 없는 노릇이었다. 소아암 환아들에게 마스크는 코로나 환자를 치료하기 위해 꼭 입어야 하는 의료진의 감염보호복과 같은 것이다.

요즘은 마스크가 새로 생긴 패션처럼 느껴진다. 너나 할 것 없이 보이는 사람마다 착용해서 그런지 전혀 어색함이 없다. 물론 어쩔 수 없이 써야 하는 슬픈 현실이지만, 아무도 이상하게 보는 시선은 없다. 몇 년 전 따가운 시선을 받으며 할 수 없이 마스크를 착용해야 했던 아이를 생각하면 오히려 지금의 상황은 훨씬 편하고 자연스러워 보인다.

모두 살기 위해 마스크를 쓰고 있다. 삶과 죽음의 경계가 마스크라면 한여름인들 마다할 수 없다. 365일 마스크를 쓰고 병원 생활을 할 때 병원 울타리 밖의 세상은 나와는 너무나 멀게 느껴졌다. 부지런히 걸어가는 사람들 발걸음에서 살아 있음이 느껴지고 자유로움이 보였다. 병실에서 조그만 유리창으로 내다보이는 바깥 풍경은 나가고 싶어도 나갈 수 없는 또 다른 세상이었다. 하늘에 구름이 흘러가는 것도, 조그마한 참새가 포로롱 날아가는 것도, 나뭇잎이 바람에 살랑 흔들리는 모습도 모두 새롭게 다가왔다.

병원 생활을 하기 전과 후가 유리창 하나를 사이에 두고 이렇게 다를 수 있을까. 아무런 일이 생기지 않고 지나는 하루의 일상이 자유요 행복이요 기쁨이었다. 병원에서의 유폐된 생활은 내가 마음대로 움직일 자유와 행복하고 기뻐할 마음을 앗아가 버렸다. 창밖에 날아다니는 나비 한 마리를 보던 날, 나는 이 세상에서 가장 자유로운 영혼을 보는 것 같았다.

인간에게 자유란 무엇인가. 정신이 자유로워야 하는지 아니면 육체가 자유로워야 하는지 모르겠다. 병원 생활을 시작하며 갑자기 바뀐 환경에 정신과 육체가 모두 묶여버렸다. 정신적으로도 불안하고 육체도 병원이라는 틀에 갇혀 있으니 꼼짝할 수가 없다. 아이가 아프면서 모든 게 뒤섞여

버린 삶이 혼란스럽다. 바람에 병실 문이 살짝 흔들리는 소리에도 몸이 와르르 무너져 내린다.

우리는 모두 언젠가 죽음을 맞이한다. 죽는다는 건 살아 있는 것과의 이별이다. 사랑하는 가족도, 꽃도, 파란 하늘도, 빛나는 태양도, 밤하늘에 총총히 떠 있는 별도 볼 수가 없게 된다. 별안간 찾아온 '코로나19'로 인해 많은 사람이 가족과 세상과 이별을 하고 있다. 병원에 있는 환자나 가족들은 더 노심초사할 수밖에 없다. 평소에도 힘든 시간을 보내는데 바이러스와 면역에 약한 사람들은 이루 말할 수 없이 참담하고 아픈 시간을 보내야 한다.

봄이 되어 화사하게 피어나는 예쁜 꽃과도 대화를 나누지 못할 만큼 모두가 힘든 시간을 보내고 있다. 365일 마스크를 써야 하는 환자들이 마스크를 구하지 못해 불안에 떨고 있다. 그들에게 사랑의 마스크 하나라도 보탤 수 있다면 이 봄이 그렇게 슬프지만은 않겠다.

집 마당에 있는 벚나무에서 하얀 꽃잎이 처연하게 흩날린다. 내 아이가 천사가 되어 하늘에서 눈송이를 뿌리는 것 같다. 벚꽃 잎이 다 떨어지면 그 자리에 초록 새싹이 파릇파릇 돋아나겠지.

주름진 시간

 거울을 본다. 거울에 비친 모습이 낯설다. 팽팽했던 풍선이 시간이 지나면서 서서히 쪼그라드는 것처럼 피부는 탄력을 잃었고, 바람에 물결이 일듯 언제 생겼는지 모르는 잔잔한 주름이 군데군데 자리했다. 반갑지 않은 주름 사이로 크고 작은 점과 칙칙한 기미가 정갈한 숲을 파헤쳐 놓은 것처럼 여기저기 어지럽다.
 때맞춰 TV에서 주름 개선용 화장품 광고가 한창이다. 클로즈업되는 모델 얼굴이 현악기에서 금방이라도 울려 나올 선명한 음처럼 팽팽하다. 나에게도 저런 시절이 있었던가. 시간은 저 혼자 흐른 게 아니다. 파도가 쉼 없이 출렁이며 조금씩 바위를 깎아 내리듯, 시간의 흐름 속에서 고단한 삶이 주름으로 남았다.

　요즘은 많은 사람이 성형한다. 성형이란 부모님으로부터 물려받은 외모를 외과적으로 교정하거나 회복시키는 수술이다. 타인의 눈으로 나를 새롭게 조각하는 것을 말한다. 하기야 오늘날은 외모도 중요한 경쟁력의 하나로 취급받는 세태라 적지 않은 돈을 들여 얼굴을 고친다. 누구나 하는 성형이라지만 얼굴에 칼을 대는 것은 자신이 없어 세월의 흔적을 지우기 위해 주름 개선용 화장품을 듬뿍 발라본다. 화장품을 펴 바르며 거울 속 얼굴에 다시 눈이 간다. 하루아침에 만들어진 주름이 아니어서 한번 그어진 선은 좀처럼 지워지지 않는다. 문득, '다리미로 구겨진 주름을 펴듯 쫙 펼 수 있으면 얼마나 좋을까.' 하고 생각해본다.

　주름이나 구김을 펴고 줄을 세우는 데 쓰이는 도구가 다리미다. 무더운 여름날 노동 현장에서 거친 일을 하는 노동자의 작업복도 피로를 풀 듯 말끔히 펴준다. 온종일 쉬지 않고 뛰어다니는 어느 영업사원의 구겨진 자존심도 칼같이 세운다. 사회에 첫 발을 내딛는 신입사원의 긴장된 마음도 쓱쓱 문질러 정리해 준다. 다리미는 어떤 일도 마다하지 않고 제 한 몸 뜨겁게 달구며 묵묵히 맡은 바 임무를 다한다.

　다리미는 구겨진 만큼 힘들었을 그들의 땀과 눈물을 생각하며 미래에 대한 희망과 의지를 폈을 것이다. 가족의 생계를 위해 죽도록 일해도 별반 나아지지 않는 삶 속에 모든 것을 다 녹이며, 구겨지고 주름진 것을 펴기 위해 뜨거운 열기도 마다하지 않고 제 몸을 던진다. 연마하고 담금질하는 시간이 있기에 살면서 구겨지고 주름진 시간을 이겨낼 힘이 생긴다. 자신을 희생하며 누군가의 주름을 펴는 다리미를 생각해 보면서 다시 거울 앞에 선다.

거울 속에서 주름진 얼굴이 처음 보는 낯선 얼굴인 듯 나를 바라보고 있다. 주름을 만든 건 누구도 아닌 자신이었다. '나'라는 존재를 잊고 살아온 시간이 뜨거운 용광로 속에서 몸부림치고 있다. 아픔을 아프다 하지 못하고 안으로만 앓은 자국이 그대로 보인다. 실수로 잃어버린 한 조각 때문에 퍼즐을 완성하지 못한 누군가가 슬픈 표정을 짓고 거울 속에서 나를 바라본다.

산다는 것은 인생이라는 수없이 많은 퍼즐 조각을 하나하나 맞춰가는 작업이 아닐까. 가끔은 자기 자리를 찾지 못해 헤매기도 하고, 눈치 없이 남의 자리에 들어앉아 미움을 받기도 한다. 험난한 곳에서 길을 잃고 방황하다가 간신히 제자리를 찾아 들어가 안도의 숨을 내쉰다. 살다 보면 퍼즐 조각을 잃어버려 영원히 메우지 못하는 아픈 빈자리로 남기도 한다. 하지만 빈 밭에 잡초가 더 무성하게 자라기에 비어있는 자리를 그대로 둘 수는 없다.

삶은 어떤 그림으로 채워지고 있을까. 누구나 태어날 때는 빈손이다. 하얀 백지에 구도를 잡고 밑그림을 그리며 인생이 시작된다. 빈 여백에다 무엇을 채워 갈지는 각자의 몫이다. 간단한 그림으로 완성할 수도 있고, 수없이 많은 일로 빽빽이 채울 수도 있다. 잘 나가다가 한 번의 실수로 얼룩지기도 하지만 어렵게 수정하며 다시 그려 나간다.

그림에도 영혼이 있다. 그림을 그리는 자가 무의미하게 그리면 마음을 울리는 느낌도 없고 의미도 없다. 감정을 이입하고 혼신을 다하면 그림 속에 진솔한 삶이 녹아들어 훗날 많은 사람이 그림을 감상하며 감동할 것이다. 초상화에는 그 사람의 인생이 담겨 있다고 하지만, 삶이 내 마음대로 안 되는 것처럼 작가의 감정에 따라 그림은 다르게 표현되기도 한다.

1850년 봄, 사실주의 화가 구스타브 쿠르베가 프랑스 낭만주의 작곡가 엑토르 베를리오즈의 모습을 충실하게 재현한 초상화를 그렸다. 쿠르베는 당시 복잡한 가정사로 인해 심기가 불편했던 베를리오즈를 무척 예리하게 묘사했다. 고달프고 지친 삶에서 죽음을 연상하게 하는 자신의 초상화가 마음에 들지 않은 베를리오즈는 그 그림을 거부했다. 쿠르베와 베를리오즈가 세상을 떠난 지금, 이 초상화는 베를리오즈의 고뇌에 찬 삶의 모습을 가장 잘 나타내고 있다는 평가를 받고 있다.

베를리오즈가 그림을 거부하는 모습에서 거울에 비친 자신의 모습을 온전히 받아들이지 못하는 나의 마음을 보는 듯하다. 요즘 프로필 사진을 수정하지 않고 있는 그대로 올리는 사람이 과연 몇이나 될까. 한두 군데도 아니고 여기저기 포토샵을 하여 자신의 참모습을 감춘다. 얼굴을 뜯어고치며 원래의 자기 모습을 잃어가는 사람들을 보면 왠지 마음이 씁쓸하다.

거울에 비친 모습이 우울하거나 마음에 들지 않으면 거울을 탓할 게 아니라 나를 바꾸면 될 일이다. 세월의 흐름 속에 자연스럽게 생긴 주름을 없앤다는 것은 부질없는 짓이다. 고단하고 힘들었던 시간이었지만, 그 속에 내 삶의 진실하고 아름다운 기억은 남아 있다. 주름진 시간을 외면하지 않고 용감하게 헤치며 살아갈 때, 거친 바람이 불러주는 노랫소리를 오롯이 가슴으로 느낄 때, 내 삶은 새로운 의미로 성숙해 간다. 그때야 비로소 얼굴의 주름도 사랑과 지혜의 씨앗으로 또 다른 시간의 싹을 틔워 줄 것이다.

남루하고 주름진 나의 지난 시간을 다시 펴주겠다는 듯 베를리오즈의「환상 교향곡」이 웅장하게 흘러나온다.

사라진 구렁이

 창세기에서 뱀은 인류 최초의 여인이던 이브에게 금단의 열매를 따 먹으라고 유혹한다. 이브는 뱀의 유혹에 빠져 선악과를 먹고 신의 노여움을 사서 에덴동산에서 추방된다. 그로 인해 인간은 죽을 때까지 땀흘리며 일하고 서로 미워하고 고통을 받는 원죄를 짊어지고 살게 되었다. 인간을 유혹하고 타락의 길로 이끌면서 축복과 증오, 지혜와 풍요를 안겨준 뱀은 천성적으로 인간과 뗄 수 없는 관계를 지닌 동물이 아닌가 싶다.

 하루에 서너 번 다니는 시골 버스가 덜컹거리고 지나가면 흙먼지가 폴폴 날렸다. 시골에서는 장소를 불문하고 불쑥불쑥 나타나는 뱀으로 인해 기겁하며 달아난 적이 한두 번이 아니다. 길을 걸을 때도 뱀이 있나 살펴야 했고, 어쩌다 화장실이 아닌 곳에서 용변을 볼 때도 경계심을 늦춰서는 안 되었다. 이렇듯 뱀을 자주 접하다 보니 조금은 익숙해졌지만, 그래도 여전히 공포의 대상일 수밖에 없었다.

꾸물꾸물 기어가는 뱀의 모습만 보고도 아이들은 질겁을 한다. 봄이 되면 똬리를 틀었던 몸을 스르르 풀며 나타나 우리를 공포에 떨게 했다. 제주에서는 뱀을 '칠성'이라 하여 신성시하는 경향이 있다. 뱀은 자신을 위하고 믿는 사람에게는 가까이 있고 집의 기운이 막힐 때는 떠난다고 했다. 특히 구렁이는 집안의 가운을 나타내는 동물로 여겨 함부로 건드리지 않았다.

시골에서 새마을 운동이 한창 전개되고 있던 어느 여름이었다. 많은 초가집이 하나둘 사라져 갔다. 친구네 집도 흙으로 된 방바닥을 뜯어내어 시멘트 공사를 시작했다. 공사가 한창 진행될 즈음 갑자기 사람들이 모여 웅성거렸다. 큰 구렁이가 방바닥 한가운데 똬리를 틀고 움직이질 않았다. 제발 나가라고 소리쳐도 들은 척도 하지 않고 굳건히 그 자리를 지키고 있다. 막대기로 밀어내도 꿈쩍하지 않고 마치 제집을 지키겠다는 듯 비장한 각오를 하고 버티고 있었다.

그렇게 며칠이 지났다. 구렁이 스스로 나가기를 바랐지

만, 여전히 미동이 없다. 친구의 아버지가 더는 지체할 수 없어 분무기에 제초제를 타서 구렁이에게 살포하기 시작했다. 꿋꿋이 버티던 구렁이는 고통스러운지 더는 견디지 못하고 방 밖으로 기어나갔다. 고통을 이기지 못하고 집에서 쫓겨 나가며 구렁이는 무슨 생각을 했을까. 어린 나이였지만, 그때 봤던 구렁이는 내가 본 구렁이 중 제일 컸다. 동화책에서 읽어본 전설에 나오는 이무기가 아닌가 싶을 정도다. 제초제의 독한 기운을 견디지 못하고 도망가던 구렁이의 모습이 아직도 눈에 선하다. 하지만 시간이 지나면서 별일 아닌 듯 잊어버렸다.

그 후로도 친구네 집에 가서 놀다 오곤 했지만, 언제부턴가 친구가 보이지 않았다. 집에 찾아가도 없다 하여 그냥 돌아왔다. 안부가 궁금했지만 만날 수가 없으니 다른 방도가 없었다. 학교에도 나오지 않았다. 어느 날 어머니를 따라 마실 다녀오다 친구 어머니를 만났다. 친구 어머니는 포대기로 누군가를 업고 있었다. 다리가 포대기 밖으로 길게 나온 걸 보니 아기는 아니었다. 더운 날이었음에도 점퍼로 얼굴을 덮어 누구를 업고 있는지 알 수 없다. 어머니가 물었다.

"오랜만이 봐졈져이, 어디 갔다 왐시?"

"아이고, 성님도 오랜만이우다. 아이 아판 병원에 댕겸

수다게…."

"거 무신 말이고, 게난 어디가 어떵 아파신디?"

"나도 모르쿠다. 이 병원 저 병원 댕겨봐도 낫질 안 허연 점점 심해졈수다. 의사도 병명을 모르캔 허난 이런 숭시도 시카마씀."

"아이고, 막 조들아졈구나. 게난 언제부터 아파시게?"

다음 대화부터 어머니와 친구 어머니는 나지막이 속삭였다. 등에 업힌 아이와 내가 들으면 절대 안 된다는 듯이 보였다. 두 분은 길거리에서 이런저런 이야기를 한참 동안 나누었다. 이야기가 거의 끝날 즈음 어머니는 점퍼를 걷어 등에 업힌 아이를 보고는 말없이 다시 덮어 버렸다. 한낮의 뜨거운 햇살이 아픈 아이 위로 사정없이 쏟아져 내린다. 병간호로 힘들어 바싹 말라버린 친구 어머니 가슴이 쩍쩍 갈라지는 소리가 났다.

집에 돌아오는 내내 두 분이 나눈 이야기가 궁금했다. 어머니에게 물었지만 끝내 답을 주지 않았다. 그렇게 며칠이 지났다. 우연히 아버지와 어머니가 나누는 대화를 엿듣게 되었다. 두 분의 대화로 궁금증이 풀렸다. 얼마 전 만난 친구 어머니의 등에 업힌 아이는 내가 그토록 보고 싶어 하던 친구였음을 알게 되었다. 그제야 등에 업혀 있는 이유도 알게 되었다.

어머니는 아버지에게 그날 본 이야기를 한숨 섞인 목소리로 풀어놓기 시작했다. 어머니가 본 아이는 사람의 얼굴이 아니었다. 퉁퉁 부르트고 부풀어 올라 차마 쳐다볼 수가 없었다. 거기다 혀를 쉴새 없이 날름거리며 도저히 사람이라고 믿기 어려울 정도라 했다. 어른들은 아이가 아픈 원인이 구렁이 때문이라 추측했다. 집을 지키기 위해 끝까지 버티는 구렁이를 제초제를 살포해 강제로 쫓아냈다. 몸 전체에 농약 기운이 퍼지면서 피부가 서서히 부풀어 오르고 썩어들어 시름시름 앓았을 것이다. 그러다 어느 곳에서 싸늘하게 죽었을 것이다.

마을 사람들은 칠성을 잘못 건드려 우환이 닥친 게 틀림없다고 수런거렸다. 그 여파로 건강하던 아이가 갑자기 시들기 시작했고, 몸도 구렁이가 견뎠을 고통을 그대로 받은 게 아닌가 생각했다. 혀만 날름거리며 말도 잃어버렸다. 몇 개월을 병명도 없이 앓다가 결국 목숨을 잃고 말았다. 그 후로도 친구의 집안에는 크고 작은 일들이 끊이질 않았다. 결국, 온 가족이 뿔뿔이 흩어지고 구렁이가 둥지를 틀었던 친구의 집은 폐가가 되고 말았다.

과학이 발달한 요즘에 이런 이야기를 들으면 비웃을지 모르겠다. 하지만 나는 아직도 그 이야기를 생생하게 기억하며 무서움에 떤다. 수십 년이 지난 어렸을 적 일이지만, 지금도 그리운 친구의 얼굴은 또렷하다.

  뱀은 지혜와 변화와 재생의 모습을 보여준다. 과거의 흔적으로부터 허물을 벗어 거듭나며, 상처를 치유하고 새로운 모습으로 생명을 되찾을 수 있도록 돕는다. 게다가 인간의 지혜를 밝혀 악을 물리치는 진실의 수호자로 상징되기도 한다. 그렇지만 뱀에게 함부로 대하거나 죄악시하면 언젠가는 대가를 치른다는 사실을 커다란 구렁이는 혀를 날름거리며 경고한다.

에밀레, 에밀레여!

온 천지에 봄의 소리가 들린다. 어디선가 꽃망울이 터지는 소리, 겨울을 밀어내고 다시 생동하는 계곡물 소리, 고요한 산사에서 들려오는 범종 소리…. 자연의 소리는 어디서나 엄숙하고 경건하다.

자연이 만든 최고의 선물이 꽃이라고 하지만, 창조주가 인간에게 준 최고의 선물은 소리가 아닐까 싶다. 태초의 천지창조도 소리에 의해 이루어졌다. 하느님이 "빛이 있으라." 하면 빛이 있었듯이, 소리에 의해서 천지의 만물은 창조되기 시작했다. 어쩌면 하느님의 음성과 빛은 다르면서도 같은 소리인지도 모른다. 소리가 있어 빛이 나타나고, 빛이 있어 소리가 나타났다.

소리하면 가장 먼저 학교 종소리가 떠오른다. "학교 종이 땡땡땡 어서 모이자. 선생님이 우리를 기다리신다."라는 종소리의 기억과 함께 살았다. 종소리는 내 삶의 반경이며 시작과 끝이었다. 어디선가 종소리가 들려온다. 눈을 감으니 그리운 얼굴과 아련한 목소리들, 아득히 멀어져 가는 시간의 소리가 들린다.

종소리를 듣기 위해 경주로 달려갔다. 코로나19로 온 세상이 움츠려 있지만, 성덕대왕신종(국보 제29호)의 소리를 듣기 위해 국립경주박물관에 도착했다. 보존을 이유로 2004년 이후 타종을 멈췄으나, 17년 만에 타종해 그 옥음玉音을 '성덕대왕신종 소리체험관'에서 공개한다. 올해가 성덕대왕신종이 주종된 지 1,250주년이라고 한다. 세계에서 가장 아름다운 소리를 내는 종이 우리에게 있다는 것은 자랑스럽고 경이로운 일이다.

성덕대왕신종은 본명보다는 에밀레종이라는 이름으로 더 많이 알려져 있다. 종을 만들고 오랜 시간이 지났지만 좋은 종소리가 나지 않았다. 가난한 어미로부터 시주받은 아이를 용광로에 넣었을 때 비로소 청아한 종소리가 나기 시작했다. 종소리는 서라벌에서 세상으로 퍼져나갔다. '에밀레~ 에밀레~.' 언제나 탄생의 소리는 기쁨이었지만, 소멸의 소리는 슬픔이었다.

 종의 곡선이 신윤복의 「미인도」에 나오는 치맛자락처럼 봉긋하다. 우람한 몸통 위로 휘감아 새긴 당초唐草 무늬와 살포시 무릎 꿇고 앉은 비천飛天의 자태에 넋을 잃고 있을 때, 아름다운 종소리가 흐른다. 종소리는 끊어질 듯 이어지며 8세기 신라의 풍경을 눈앞에 펼쳐놓았다.

 그 소리는 그냥 소리가 아니었다. 하늘과 땅이 서로 어울리고 천년의 시간이 함께 이어지듯 밀음密音하며 가슴을 흔들었다. 나는 아득한 시간의 끝으로 빨려들어 가는 것 같았다. 천년의 시간을 거슬러 다시 살 수는 없을까. 그럴 수 있다면 신라의 낭자가 되어 사랑하는 화랑의 품에 안기고 싶다. 천년을 기다린 천마는 나를 태우고 반월성으로 남산으로 날아가 줄 것이다.

 언젠가 문화유산 답사를 위해 불국사에 갔을 때이다. 조용한 경내를 거닐던 중 범종 소리를 듣고 눈물이 흘렀다. 곁에 있던 지인이 왜 우느냐고 물었지만, 계속해서 흐르는 눈물을 주체할 수 없었다. 아마도 나는 종소리의 끈을 잡고 생의 끝자락까지 달려간 것이 아닐까. 소리를 듣는다는 것은 단순한 청음聽音에 불과한 것이다. 청음은 누구나 할 수 있지만, 진정한 소리를 얻는 득음得音은 아무나 할 수 없는 것이다.

　득음은 영혼의 결합으로 이루어지게 된다. 영화 「서편제」에서 소리꾼 유봉은 득음을 위해 딸의 눈을 멀게 했다. 진정한 소리는 몸이 아니라 영혼에서 나오는 것이다. 아름답고 경건한 소리에는 영혼이 담겨 있다. 영혼이 없다면 좋은 소리도 없고, 소리가 있어도 영혼이 없다면 소리가 아니다. 소리에 더욱 집중하면 관음觀音, 즉 소리가 보이게 된다. 아미타불 곁에서 교화를 돕는 보살을 관음보살이라 한다. 세상의 진정한 소리를 보고 들으면서 중생의 고통을 해결해 주는 보살이다.

　모든 소리는 마음의 표현이다. 종소리는 나눔과 소통의 마음을 전달한다. 하늘나라로 가신 어머니에게 나의 회한을 전해주고, 나를 두고 먼저 가버린 어린 아들에게 단장斷腸의 애도를 전해 준다. 내가 어찌 그들을 잊으며 그들이 어찌 나를 잊을 수 있을까. 종소리는 잊히고 버려지고 끊어진 마음을 이어준다. 사람과 사람을, 마음과 마음을, 이승과 저승을 이어주는 인연의 끈이다. 제 몸을 울리며 고요를 뚫고 들려오는 범종 소리는 마음의 여백을 가득 채워준다.

　언제부터인가 종소리가 사라지고 있다. 경계를 넘어서 서로 화합하고 사랑하는 마음이 없어지고 분열과 갈등의 그림

자만 가득 드리워져 있다. 세상은 너무나 소란하다. 거리를 달리는 자동차 소리, 정치가들이 요란하게 싸우는 소리, 여기저기서 울리는 휴대폰 소리가 귀를 어지럽힌다. 소리의 세상에 살아가고 있지만, 사람의 소리가 마음으로 전달되지 않는다. 사람이 사람의 소리를 듣지 못하고 단절되어 있다고 생각하니 막막하다. 왜 사람이 사람의 소리를 듣지 못하는 것일까. 저문 들녘에서 서럽게 울어대는 풀벌레 소리, 내 곁을 스치는 바람 소리조차도 아픈 영혼을 달래주는 소리로 들리는데.

에밀레종 소리에는 아이의 영혼이 담겨 있고, 못살던 백성의 원혼이 담겨 있다. 그래서 종소리가 저리 깊고 멀리 울려 퍼지는가 보다. '에밀레~ 에밀레~.' 아이는 천년의 세월 동안 구천을 떠돌며 어머니를 찾아 울고, 삶이 힘든 백성은 오늘도 고통스러워하고 있다. 에밀레종 소리는 하늘의 문이 열리고 닫히는 시간을 알려주며, 산 자와 죽은 자를 위한 깨달음과 구원의 소리이다. 『삼국유사』는 "신종의 종소리는 용의 읊조림 같아서 하늘 끝까지 오르고 땅끝까지 스며들며 그 소리를 듣는 사람은 모든 걱정, 근심이 사라지고 행복해질 것이다."라고 기록한다.

신라 시대나 지금이나 에밀레종 소리는 눈물꽃이 되어 마음을 울리고 세상을 깨운다. 끊어질 듯 이어지는 종소리가 우리에게 드리워진 고통과 슬픔을 모두 거두어가길 기다려본다. 에밀레, 에밀레여!

04 / 얼어붙은 눈물

눈사람
바다 웅덩이
꿈꾸는 집
새벽 갈매기
단풍의 시간
별빛
깨진 유리창
인각사의 달
얼어붙은 눈물

눈사람

 눈이 펑펑 내린다. 오후부터 내리기 시작한 눈이 그칠 기미가 없다. 저녁 어스름이 깔려오자 사람들은 옷깃을 여미고 귀가하는 발걸음을 재촉한다. 여기저기서 등불이 켜지고 사람들의 집은 밝아지기 시작한다.

 저녁 식사를 마치기 바쁘게 눈바람을 맞으며 밖으로 나왔다. 어느새 수북이 쌓인 눈을 한주먹 움켜쥐고 꾹꾹 눌러본다. 제각각이던 눈의 입자가 금세 한 덩이로 단단하게 뭉쳐진다. 한 방울의 눈은 힘없이 녹아버린다. 하지만 입자가 단단히 뭉쳐진 눈은 공동체의 힘이 느껴진다. 눈으로 만든 이글루가 포근한 것처럼 차가운 눈도 뭉치면 따뜻한 공간이 된다.

어렸을 때는 눈이 오면 그저 좋았다. 추운 줄도 모르고 비료 포대 들고 나가 몇 시간씩 눈썰매를 타고 놀았다. 친구들과 어울려 늦게까지 놀다가 옷이 흠뻑 젖어 들어와 어머니한테 야단을 맞곤 했다. 손이 얼어 동상을 입고 퉁퉁 부어도 그저 행복했다. 나풀나풀 떨어지는 함박눈을 하염없이 바라보며 어린 시절 눈 오던 날의 풍경에 빠져들어 본다.

눈 오는 날의 행복하던 시절은 다 사라져버리고 사람들은 언제부턴가 내리는 눈을 불편해 한다. 눈이 내리고 나면 길이 얼어서 미끄럽고, 운전하는데도 지장이 많다는 것이다. 사람들은 편하고 안락한 삶만 생각한다. 그렇지만 눈 내리는 날이면 어린 시절로 돌아가는 것처럼 나의 가슴은 여전히 두근대며 동심으로 젖어 든다.

내리는 눈을 맞으며 아이들과 눈사람을 함께 만들거나 누군가를 만나러 달려가고픈 마음이 생긴다. 따뜻한 커피숍에서 사랑하는 사람과 차를 마시며 창밖으로 눈 내리는 풍경을 함께 바라보아도 좋겠다. 가볍게 만났다가 쉽게 헤어지지 않는 소중한 만남을 이루고 싶다. 갈수록 희끗희끗해져 가는 머리 위로 분분하게 떨어지는 눈송이와 따뜻한 포옹을 하고 싶다.

눈은 계속 내리고 있다. 학교에서 돌아온 아이들이 눈사람을 만들기 시작한다. 손으로 꾹꾹 누른 눈을 씨앗으로 삼아 눈을 굴린다. 조그맣던 눈덩이가 점점 커지고 둥글게 말아져서 조금씩 눈사람의 모습을 갖추었다.

몸통이 만들어지고 그 위에 머리통이 붙여진다. 자신을 만들어준 사람의 얼굴을 잘 볼 수 있게 숯 조각으로 눈과 눈썹을 만들고 그 위로 노란 귤로 안경도 씌워준다. 숨을 잘 쉴 수 있게 당근으로 피노키오 같은 코를 세워줬다. 아이들이 하는 말을 잘 들을 수 있도록 솔방울로 귀를 달았다. 머리털이 없어 칼바람에 춥기라도 할까 봐 털이 달린 빵모자도 씌워주고, 주머니가 없어 손이 시릴까 벙어리장갑을 목에 걸었다. 마침내 눈사람은 아이들과 똑같은 모습으로 늠름하게 서 있다. 어릴 때 내가 만든 눈사람은 나 같고, 형제 같다고 생각했다. 저 아이들도 눈사람을 그렇게 생각할까.

눈사람이 태어난 것을 축복이라도 하듯 쉬지 않고 눈이 내린다. 천사의 눈물이 이렇게 고울까. 하늘나라 선녀가 뿌려준다는 하얀 눈송이가 쉼 없이 자꾸만 내려온다. 온종일 눈사람과 마주하며 함께 이야기를 나눌 수 있음이 행복하다. 움직이지 않고 그 자리에서 나의 넋두리를 다 받아주는 심성이 하얀 눈보다 더 깨끗하고 맑다. 눈사람은 아무 말이 없다. 그저 사람들을 묵묵히 지켜볼 뿐이다.

아니, 어쩌면 하고 싶은 말이 많아도 참고 있는지도 모를 일이다. 피가 흐르고 심장이 움직이는 건 아니지만, 이 세상에 자신을 태어나게 해준 고마움에 보답하고자 묵묵히 누군가의 이야기를 들어주고 있다. 그를 위해 내가 해줄 수 있는 건 아무것도 없을지 모른다. 말이 없는 눈사람의 마음을 읽어 본다. 귀를 곤두세우고 눈사람의 심장 소리를 들어본다.

눈사람에게서는 아무 소리도 들리지 않는다. 그저 눈빛으로 속삭인다. 이 세상과 사람이 무섭고 두렵다고 말한다. 사랑이란 당신이 말하는 것을 들어주고 외로울 때 함께 있어 주고, 어루만지고 쓰다듬어 주는 것, 그냥 침묵하며 바라보아 주는 것이다. 눈사람처럼 누군가의 눈이 되어주고 코와 입이 되어주고 손과 다리가 되어 기다려주는 것이다. 하지만 우리의 사랑은 오래 기다려주지 않고 주는 것 없이 받으려고만 한다.

며칠 계속되던 눈이 그쳤다. 눈사람과의 속 깊은 대화와 몸짓을 시샘이라도 하듯, 하얀 눈송이가 내리던 하늘에 햇볕이 뜨겁다. 싫은 표정 하나 없이 내 넋두리를 다 품어 안고 늘 웃어주던 눈사람이 마침내 뜨거운 태양 앞에서 눈물을 보이고 만다. 손쓸 새도 없이 서 있던 그 자리에서 몸이 녹아 일그러져 내린다. 눈사람을 위해 내가 할 수 있는 일은 아무것도 없다. 비장한 다짐을 한 듯 그는 스스로 녹아내린다. 그를 위해 움직일 수 있는 다리가 되어주고 싶다. 뜨거운 태양을 피해 북극으로 가자. 아무도 살지 않는 영하의 그곳으로 가서 단둘이 살자. 더는 이별의 아픔을 겪지 말고 눈사람으로 남아 살자.

눈사람은 내 인생의 꿈이면서 좌절이었다. 애써 공들여 쌓아 놓으면 쉽게 무너지고 마는 눈사람, 인생에서 언제나 꿈은 멀리 있고 좌절은 가까이 있었다. 어린 시절부터 눈만 오면 나는 눈사람을 만들러 마당으로 달려 나가곤 했다. 어렵게 만들어 놓은 눈사람이 사라져가는 것을 바라보면서, 이 지상에서의 모든 것이 병들고 소멸하여 간다는 것은 정말 슬픈 일이라는 것을 일찍부터 알게 되었다.

녹아버린 눈사람은 이미 눈사람이 아니었다. 안아줄 수도 없고 바라볼 수도 만질 수도 없다. 그러니 몸이 녹아 흔적 없이 사라지기 전에 영원한 나라로 가자. 「겨울왕국」의 엘사가 있는 곳으로 가서 함께 살아도 좋겠다.

퇴근길에 보니 우두커니 문밖에 서서 나를 기다리고 있었을 눈사람이 반 이상이 녹아 있었다. 갑자기 내 몸의 어딘가가 부서져 내리는 것 같은 아픔이 다가온다. 이제 날씨가 더 따뜻해지면 찬란했던 우리의 인생이 한순간에 소멸하듯, 눈사람은 모두 녹아내려 물이 되어버리고 말 것이다. 눈사람이 녹아내린 위로 별빛이 쌓인다. 별빛을 따라 눈사람과 나는 두 손을 꼭 잡고 겨울왕국으로 걸어가고 있었다.

바다 웅덩이

바닷물이 빠져나간 자리에 작은 웅덩이가 생겼다. 밀물 때는 물에 잠겨 보이지 않다가 썰물에 물이 빠지면서 움푹 파인 곳에 물이 고여 아주 작은 바다가 만들어진다. 이 웅덩이에서 바다는 시작된다.

제주도는 화산섬이다. 화산 폭발의 결과로 해안 대부분이 현무암으로 이루어져 크고 작은 구멍과 굴곡이 많다. 그 사이사이에 바닷물이 고여 웅덩이가 생긴다. 바닷가를 찾은 사람들이 무심코 웅덩이를 밟고 지날 때마다 그 안에 사는 많은 생명이 죽거나 파괴된다. 우리가 보지 못하는 작은 세계에서도 종족 보존과 생존을 위한 투쟁이 끝없이 벌어진다. 바다 웅덩이 속에는 여러 종류의 생명체가 저마다 다른 생존전략으로 치열한 삶을 살고 있었다.

별이 쏟아져 내릴 듯 아름다운 밤이다. 제주 구좌읍 하도리에서 '밤바다영화제'를 한다고 하여 아이들과 함께 가보았다. 개막작으로 「조수 웅덩이: 바다의 시작」이 상영되었다. 우리가 밟고 지나는 발아래 세상, 얕은 바다에 사는 생물들의 삶을 한 시간에 걸쳐 제작한 환경 다큐멘터리다.

바다 웅덩이에 서식하는 해조류는 바다가 살아 있음을 알려준다. 제주 바다는 하루에 두 번 밀물과 썰물이 일어난다. 웅덩이에 사는 생물은 하루 두 번 일어나는 밀물을 목마르게 기다린다. 약육강식의 세계에서 살아남기 위해 보호색을 만들고 환경에 맞게 진화한다. 천적에게 쉽게 노출되지 않도록 오랜 기간 터득해온 이들만의 생존 기술이다.

바다 생물에 물이 없다는 건 사람이 공기가 없는 곳에서 살아야 하는 것과 같다. 사람이 공기 없이 어떻게 살아갈까. 우리는 요즘 '코로나19'로 인해 모두 마스크를 쓴 채 살고 있다. 손바닥만 한 마스크에 의지해 목숨을 지탱한다. 깨끗한 공기가 있어도 마음놓고 마실 수 없는 현실에 숨이 막혀온다. 처음에는 답답하게 느껴지더니 이제는 마스크를 하지 않으면 왠지 불안하고 사람이 있는 곳을 피하게 된다. 심지어 아기도 마스크를 하고 다닌다. 어린아이들이 마스크 한 모습을 보면 어른으로서 못 할 짓을 한 것 같아 부끄럽고 미안하다. 마스크에 의존한 삶이 우리의 평범한 일상을 완전히 흔들어버렸다.

그동안 값을 치르지 않아도 되는 공기의 소중함을 모른 채 살아왔다. 형체도 무게감도 없어 존재의 가치를 알지 못했다. 코로나19로 인해 자연스럽게 들이마시고 내뱉던 공기가 이제는 부자연스러운 현실이 되었다. 학생들은 학교에 가는 대신 집에서 비대면 수업을 한다. 어린이집과 유치원이 문을 열지 못하니 어린 자녀를 맡길 곳이 없어 직장생활에도 지장이 생겼다. 당연하게 생각하던 모든 것이 뒤죽박죽이다.

지금의 상황은 5년 후에 올 일이 앞당겨진 것이라고 TV 프로그램에서 강사가 목소리를 높인다. 영상을 통한 강의와 수업이 자리매김하고, 먹거리는 배달하거나 포장을 하여 판매하는 방법이 성공하고 있다. 사람과 사람 사이에는 점점 거리가 생기고 갈수록 인정은 메말라 간다. 로봇과 대화하고 기계와 씨름하는 세상, 결혼도 하지 않고 결혼을 해도 자녀 계획이 없다고 하는 세상, 아이 대신 반려견을 더 사랑하는 세상이다.

강사의 말처럼 5년이라는 시간이 한순간에 앞당겨지니 우왕좌왕하면서 불편한 생활을 할 수밖에 없다. "뭉치면 살고 흩어지면 죽는다."라는 말이 무색하게 요즘은 '뭉치면 죽고 흩어지면 산다.'라는 말이 더욱 맞는 것 같다. 시작이 있으면 끝도 있다지만, 그 끝이 어디쯤일지 아득하기만 하다. 코로나19의 시작으로 인간이 평범하게 살 수 있는 시간이 점점 줄어들고 있다고 느끼는 건 기우일까. 이 모든 것은 결국 인간과 자연이 서로 공생하지 못하기 때문이 아닌가 싶다.

어느덧 영화는 중반을 지나고 있다. 살기 위해 몸부림치는 바다 웅덩이 속 생물들 영상이 간절하게 눈에 들어온다. 무늬망둑과 앞동갈베도라치가 목숨을 걸고 알을 지키려는 부성애가 눈물겹다. 자그만 생명체도 새끼를 지키고자 필사적으로 노력하는데 인간은 자연을 너무 쉽게 생각하고 파괴한다.

제주의 신비한 생물이 세상에 알려지기도 전에 사라지거나 사라질 위기에 처해있다. 바다를 매립해서 물의 흐름을 바꿔버리고, 고기를 닥치는 대로 남획하고, 쓰레기를 마구 버려 오염된 바다는 심한 몸살을 앓고 있다. 거대한 빙산이 녹아내리고, 북극곰이 갈 곳을 잃어 눈물을 흘린다. 무분별한 난개발로 오랜 시간을 공들여 가꿔온 숲은 한순간에 베어진다. 동물들이 무자비하게 학살당해 멸종 위기에 처하고,

사람들은 알 수 없는 신종 바이러스에 속수무책이다. 지구가 중심을 잃고 심하게 흔들리고 있다.

밀물이 오기를 간절히 바라는 작은 생물들이 힘겹게 버티고 있다. 뜨겁게 내리쬐는 태양에 온몸이 말라가는 고통을 참으며 비어있는 고동 껍질 속에 몸을 의지하기도 하고, 암반 구멍이나 바위틈에 잔뜩 웅크리고 숨는다. 움직일 수 없는 생물인 거북손과 따개비가 바위에 다닥다닥 붙어 바닷물이 들어오기만 기다리는 모습이 애처롭다. 살아남기 위해 애쓰는 치열한 몸부림은 마스크를 쓴 채 버티고 있는 우리의 모습 같다.

지구상에서 가장 번성한 생명은 공생 관계를 통해 이루어졌다. 바다에서도 상상할 수 없는 공생과 기생 관계를 이루면서 생물들은 살아간다. 앞동갈베도라치는 암컷이 바위 구멍이나 빈 소라껍데기에 알을 낳으면 수컷은 목숨을 걸고 알을 지킨다. 상어는 바다에 있는 모든 물고기를 잡아먹는 바다의 폭군이지만, 동갈방어만큼은 예외다. 상어와 동갈방어는 상호공존 관계이다. 상어가 먹이를 잡아먹고 나면 이빨 사이에 낀 찌꺼기를 동갈방어가 깨끗하게 청소해 준다. 악어와 악어새의 관계도 마찬가지이다. 악어가 육지로 올라와서 입을 벌리고 햇볕을 쬐고 있으면, 악어새는 입속에 들어가 거머리나 먹이 찌꺼기를 처리해 준다. 이때 악어는 새를 조금도 해치지 않고 오히려 환영한다.

바닷속은 공생하고 기생하는 생물이 서로 살기 위한 움직임이 힘차고 푸르다. 인간이 자연에서 얻는 것은 단순히 먹을거리만이 아니다. 자연에서 겸손을 배우고, 끈기와 공생의 원리를 깨닫는다. 인간은 자연을 떠나 살 수 없기에 자연의 원리로부터 독립적이지 않다. 바다 웅덩이는 소우주와 같다. 어릴 적 어머니가 장을 담그고 곡식을 담던 항아리처럼 넉넉한 품을 내어준다. 인간은 자연에서 배우며 또 그 안에서 함께 살아가야 한다.

꿈꾸는 집

어릴 때부터 시골 마을에 평화롭고 아름다운 집을 지어 살고 싶은 꿈을 꾸어왔다. 내가 잠든 머리 위로 별들이 반짝이며 하늘나라에 계신 할머니 이야기를 들려주고, 달빛과 아이들과 강아지들이 멍석 위에서 마당극을 벌이는 예쁜 집에서 사는 것이 소원이었다.

이런 꿈을 꼭 실현하겠다는 듯이 결혼하면서 시골에 예쁜 집을 지어 살고 싶다는 조건을 남편에게 내걸었다. 그렇지만 약속이 실현되기란 쉽지 않았다. 아이를 낳아 기르고 매일 생활에 쫓기다 보니 집짓기 약속은 20년의 세월이 지나도록 실현되지 못했다. 예쁘던 얼굴에는 여기저기 주름이 생기고 어느새 시름 많은 중년 여인이 되어버렸다.

어느 날 우연히 「건축학 개론」이라는 영화 광고를 보게 되었고, 흥미로운 제목에 이끌린 나는 곧장 영화관으로 달려갔다. 영화 「건축학 개론」은 집에 대한 새로운 관심과 깊은 의미를 일깨워 주었다. 한국 영화로는 거의 최초로 건축의 의미를 짚어보고 집을 짓는 과정을 상세하게 다루고 있었다. 영화 속 주인공 승민과 서연은 집을 지어가면서 과거 그들이 함께했던 추억의 조각을 맞춰가고, 사랑의 감정을 쌓아간다. 영화를 보는 동안, 새벽 호숫가의 윤슬 같은 옛 기억이 아스라이 피어오르고 어릴 적 살았던 낡은 초가집이 눈앞에 아른거렸다.

영화에서 관심을 끈 것은 두 남녀 주인공의 사랑보다는 그들이 찾아가는 집과 주변의 풍경이었다. 정릉과 창신동 골목길, 누하동 한옥, 수유동 시장 골목, 서울 아파트 옥상에서 본 하늘, 제주도 앞바다 등 영화 속의 공간은 잃어버린 기억과 아련한 감성을 불러일으켰다. '서연의 집'이 건축되는 것을 바라보면서 집의 의미가 무엇인가를 깊이 생각해 보았다.

세상에는 사람 숫자만큼이나 집이 많고 그 종류도 다양하다. 일 년 내내 추운 곳에 사는 사람들이 눈과 얼음으로 만든 이글루, 나무가 울창한 숲에 지은 통나무집, 몽골 유목민들이 지은 게르, 도시에 빽빽이 들어선 숨막히는 아파트, 이렇게 다양하게 만들어진 집은 사람들의 삶의 모습과 생활을 반영한다. 나는 우리 가족이 머물 집으로 흙담집을 짓고 싶다. 집을 짓고 산다는 것은 따뜻한 피가 흐르는 삶의 공간을 만드는 일이라고 생각해 왔기 때문이다.

흙과 돌로 집을 짓는 것은 쉬운 일이 아니다. 조립식 주택이나 콘크리트 주택의 건축 방법에 비하면 흙집은 오히려 더 많은 시간과 정성이 필요하다. 현대 건축은 시공의 신속성과 편리성을 추구한다. 그만큼 시공 기간이 단축된다. 반면에 흙집은 모든 자재를 자연 속에서 구하고 다듬고 다루므로 시간이 더욱더 오래 걸린다. 흙과 나무를 손질하고 건조해야 하므로 더욱 그렇다.

언젠가 제비들이 집 짓는 것을 본 적이 있다. 제비집은 시골에서 흔히 볼 수 있었지만, 이제는 많이 사라지고 없다. 제비는 마른풀과 젖은 흙을 부리로 하나하나 물고 와서 사람들이 흙집을 짓는 것처럼 처마에 조금씩 붙이며 쌓았다. 어미 제비의 정성 어린 노력 끝에 둥지가 만들어지고 젖은 흙이 마르면 아주 튼튼한 집이 완성되었다. 제비집을 보면서 '왜 사람은 저렇게 사랑과 정성이 담긴 집을 지을 수 없을까?' 하고 생각했다.

옛날부터 돌 일과 흙일만큼 힘든 일이 없다고 했다. 흙으로 집을 짓는 것은 엄청난 노동이 요구되는 집짓기 방식이다. 배우기 쉽고 단순하다고 생각하겠지만, 건축 과정을 이해하고 기술을 익히는 게 쉬운 일이 아니다. 하기야 당시에는 건축 재료가 귀해 흙을 재료로 짓는 자연 생태적인 건축 방법을 택할 수밖에 없었을 것이다. 제비처럼 정교하지는 않지만, 부족한 기술로 옛날 사람들도 쉽게 흙집을 짓지 않았던가.

오래전에 부모님도 흙과 돌을 이용해 자그마한 초가집을 지었다. 흙집은 세월을 견디며 깎이고 부서졌다. 비바람을 견디지 못한 초가지붕은 날아가 버릴 때도 있었다. 그럴 때마다 부모님은 다시 흙을 바르고 초가지붕을 일었다. 자그마한 방에 여러 식구가 모여 살아도 불편하거나 힘든 줄 몰랐다. 지금 생각해 보면 그때의 삶이 더 정답고 가족과의 정이 돈독한 것 같다. 시멘트 덩어리로 만드는 현대적인 집들에 비해 흙과 나무로 만드는 흙집은 그야말로 살아 숨쉬는 건축물이 될 수 있었다.

흙집이 단순히 몸에 좋은 건강한 주택이란 말은 전부가 아니다. 흙집은 비단 건축자재나 구조 같은 건축방식만의 문제는 아니었다. 햇빛과 물, 바람을 집 안으로 끌어들여 집을 짓다 보니 그 안에 들어가 사는 사람의 삶의 방식도 달라질 수밖에 없다. 구석구석 주인의 손길이 닿지 않는 곳이 없고, 자연과 어우러져 자연 속에서 사는 생물과도 더불어 사는 것을 가능하게 했다.

흙집 주변에는 우람한 밤나무가 있어 온갖 새들이 날아와 노래했다. 텃밭 구석에 자리한 대나무도 바람이 지날 때면 그 들 만의 소리로 존재를 알렸다. 가을이면 저절로 익어 떨어진 알밤을 주워 먹고, 노랗게 익은 감도 허기진 아이들의 배를 채워주었다.

화창한 봄날 마당에는 주홍색의 햇살이 가득히 쏟아져 내렸다. 마당에서는 토끼와 강아지와 고양이들이 봄 햇살을 맞으며 장난질을 하곤 했다. 모두 한 가족이다. 저들에게는 평화와 사랑이 넘쳐날 뿐이다. 따뜻하고 안정적인 보금자리에는 갈등과 시기와 다툼이 없다.

집 마당 비탈에 자그마한 각시붓꽃이 한 무리 피어 있다. 흐드러지게 피어 있는 각시붓꽃은 눈부실 정도로 아름다웠다. 각시붓꽃 위로는 미리 약속이나 한 듯이 나비와 벌들이 모여 다정한 이야기를 나누며 너울대다가 자유롭게 날아간다.

도시 생활에서는 상상치도 못할 버겁도록 아름다운 생명

이 마구 피어나는 계절이다. 집은 그 공간에서 살아가는 사람의 모습을 반영한다. 흙집에 살아보지 못하고 아파트에서 사는 사람들은 자신이 얼마나 기계 부품과 같이 단순한 삶을 살아가는지 알지 못한다. 삶의 공간인 집이 사람의 모습을 바꾸어 버린다.

시골의 흙집에서는 매 순간이 추억이었다. 살림 하나하나가 신체의 일부같이 느껴지고, 그들과 함께 어울릴 수 있는 공간이 되었다. 그렇게 오랜 시간이 흘렀다. 흙집도 사라지고 부모님도 하늘나라로 떠나고 없다. 지저귀던 새소리도 아득한 추억으로 남아있을 뿐이다.

멀리 보이는 산들은 초록으로 물들어 있고, 그 위에서 한들대는 실버들은 잔뜩 살이 올라 흥겨워한다. 눈길을 두는 곳마다 온갖 꽃들이 삐죽빼죽 고개를 내밀며 자태를 자랑한다. 저들과 함께 지금은 사라지고 없는 흙집에서 영원히 꿈꾸며 살고 싶다.

새벽 갈매기

어둠이 채 걷히지 않은 항구에 섰다. 쉴 새 없이 차와 사람을 실어 나르던 항구가 어둠 속에 잠겨있다. 적막을 깨듯 가끔 등대 불빛이 파도에 부서진다.

피부에 와 닿는 바닷바람이 차갑다. 차가운 바람을 맞으며 의연하게 서 있는 등대를 바라본다. 등대는 날씨가 안 좋고 보는 이가 없어도 불평 없이 자기 할 일을 해낸다. 한자리에 버티고 서서 세상 풍파를 견디며 파도 소리와 바람이 전하는 말을 다 들어준다.

누군가의 절절한 이야기를 가슴으로 오롯이 들어준 적이 있었나. 사랑은 들어주는 것에서 시작한다고 하지 않던가. 외롭고 슬플 때 어깨를 감싸 안고 토닥여 주기만 해도 마음이 따뜻해진다. 어깨는 모든 것을 짊어지는 중심이다. 좋은 일이 있거나 기가 살 때는 저절로 어깨가 으쓱해진다. 하지만 일이 잘 풀리지 않고 삶이 고달프면 힘없이 축 늘어진다. 등대는 배의 어깨다. 새벽 바다를 바라보며 서 있는 지금, 내 어깨가 배처럼 흔들린다. 등대는 흔들리는 마음을 가만히 안아준다.

새 근무지로 가기 위해 배를 기다리면서 등대에 말을 걸어본다. 또 다른 시작은 설렘과 두려움으로 다가온다. 어차피 무언가를 다시 시작할 때는 기대와 혼돈의 감정이 따른다. 모든 것을 처음으로 되돌릴 수는 없지만, 새로운 시작을 만들어 갈 수는 있다. 저 파도를 주저앉힐 수 없다면 죽든 살든 파도에 휩쓸려 갈 수밖에 없지 않은가. 그나마 내가 가야 할 새 근무지에 대해 기대하는 것은 그곳이 평화롭고 아름다운 섬이라는 기억 때문이다.

배를 타고 십오 분만 가면 닿을 거리지만, 이 순간만큼은 아득하게 느껴진다. 지금껏 가족을 떠나서 살아본 적이 없다. 집과 가족은 늘 하나라고 생각하며 살았다. 따로 산다는 건 생소한 일이다. 하지만 새로운 환경이나 생활에 대한 열망은 늘 있었다. 신학기가 되면 만나게 될 담임선생님과 반 친구들이 궁금해 밤잠을 설치던 일, 명절이나 추석이 돌아오면 새 옷을 입을 수 있다는 생각에 가슴이 부풀어 올랐던 기억이 새롭다.

출렁이는 파도를 타고 어렴풋이 동이 튼다. 어디선가 수십 마리의 갈매기 떼가 날아와 바다에 내려앉는다. 갈매기가 파닥거리며 이리저리 움직인다. 짧게 비행하며 날개 근육도 펴고, 낮게 날다가 몸을 살짝 바다에 담그고 다시 날아오르기를 반복한다.

저 갈매기들은 무슨 생각을 하며 새벽 바다를 날고 있을까. 유심히 보니 힘차게 파닥거리는 몸짓이 먹고 살기 위한 행위처럼 보인다. 매일 반복되는 일상이지만 하루를 잘 살아내기 위해서는 쉼 없이 날개를 움직여야 한다.

리처드 바크의 『갈매기의 꿈』에 나오는 조나단은 새로운 것에 도전하고 꿈을 위해서는 어떤 것도 주저하지 않는다. 대부분의 갈매기는 먹고살기 위해 날지만, 조다단은 먹이를 위한 비행보다는 날아다니는 자체를 너무나 좋아했다. 동료들의 조롱과 따돌림에도 굴하지 않고 품고 있는 꿈을 향해 꿋꿋하게 도전한다. 여러 가지 비행 방법을 알았지만, 더 많은 것을 배우기 위해 새로운 곳으로 과감히 떠난다. 낯선 곳에서의 적응은 결코 쉬운 일이 아니다. 하지만 모든 역경을 딛고 더 많은 비행술을 익혀 고향으로 돌아온다.

새로운 것에 대한 두려움을 과감히 떨치고 이루고자 하는 목표를 향해 힘차게 비행하는 조나단을 보면서 나의 모습을 바라본다. 둥지를 잠깐 떠나는 것인데, 새로운 곳에서의 삶이 쉽지 않을 것 같은 두려움을 느낀다. 모든 것은 시간의 흐름 속에 함께 존재한다. 옛것이 있기에 새것이 있다. 사람들은 손안에 쥐고 있는 것을 더욱 단단히 쥐고 있을 때 자신이 강해진다고 생각하지만, 때로는 그것을 과감히 버릴 때 더 강해지는 것은 아닐까.

배가 도착했다. 사람보다 차가 더 많다. 실리지 못한 차는 다음 배를 기다려야 한다. 출항 시간보다 일찍 가서 기다리라고한 직원의 말이 실감난다. 거리에도 차가 넘쳐나는데 배 위에서도 예외는 아니다. 항구를 출발하고 한참을 출렁거리던 배가 멈추었다.

배에서 내리는 순간 깜짝 놀랐다. 불과 몇 년 전에 왔을 때 비해 섬은 너무 달라져 있었다. 예전에는 비포장 길을 작은 버스 한 대가 지나가면 뽀얀 흙먼지를 송두리째 뒤집어써야 했고, 돌담집이 자연의 모습을 있는 그대로 보여주었다. 정말 평화롭고 조용한 섬에 온 느낌이었다.

너무나 달라진 우도의 모습이 낯설다. 무엇이 이토록 섬을 변하게 했는지 가는 곳마다 식당이며 펜션, 커피숍이 눈에 띈다. 작은 전기차와 생소한 탈것들이 온 거리를 누빈다. 새것에 밀려 옛것들이 비바람에 풍화되고 있었다. 머릿속에 저장되어 있던 조용하고 아름다운 섬은 어디로 가버렸는지 씁쓸하다. 과거의 시점으로 돌아가서 현재를 바꿀 수는 없지만, 현재에서 미래를 바꿀 수는 있다. 그렇지만 사람들은 현재에서 미래를 바꾸고자 하는 의지가 없어 보인다.

몇 년 전부터 제주에는 급격한 변화가 일어났다. 인구가 늘어난 만큼 자동차도 늘고 건물도 수없이 생겼다. 가는 곳마다 도로가 생기고 숲과 곶자왈도 무자비하게 파헤쳐졌다. 그뿐만 아니라 관광객이 넘쳐나면서 덩달아 쓰레기가 넘쳐난다. 숲이 사라지고 물이 마르고 땅이 갈라지는 삭막한 가뭄이 올 날이 머지않은 것 같다.

사람들이 끝없는 욕심을 탐할 때, 갈매기는 대가 없이 내어주는 바다에서 자기가 필요한 만큼만 소유한다. 오늘을 잘 살아내면 된다는 듯이 무언가를 더 채우려 하지 않는다. 날다가 지치면 바위에 앉아 잠깐 쉬고 간다. 우리가 도로에서 교통 체증으로 불편해하고 매연으로 숨막혀 하듯, 수없이 다니는 배로 인해 갈매기도 인간과 똑같은 불편을 감수하고 있을지 모를 일이다. 삶의 속도를 높이는 것만이 전부는 아닐 텐데 사람들은 너무 빠르고 쉽게 새로운 시작을 한다.

새벽 바다에서 한참 머물던 갈매기가 날아간다. 섬에서 멀어진 거리만큼 새로운 곳에서의 도전은 시작될 것이다. 미래는 오늘 시작되는 것이다. 오늘이 내 인생의 첫날이라고 생각하며 새로운 임지에서 하루를 시작한다. 일어나자! 새벽 갈매기처럼 날아가야 할 시간이다.

단풍의 시간

 창문 밖으로 동살이 잡히자 문을 열어 보았다. 밤사이 하얗게 서리가 내렸다. 초가을이라 믿기지 않을 만큼 공기가 싸늘하다. 가을의 이른 찬바람은 푸른 시간을 몰아내고 아쉬운 회색의 시간을 데려오고 있었다.
 친구들과 단풍산행을 나섰다. 오랜만에 만난 친구들은 그동안의 소식을 전하기 바쁘다. 숨가쁘게 달려온 시간만큼이나 살아온 사연도 저마다 굴곡지다. 오르막과 내리막이 반복되는 산길처럼 어느 것 하나 쉽게 얻어지는 건 없었다. 산을 오른 지 한참이 지났지만, 단풍 든 나무를 찾아볼 수가 없다. 단풍은 고사하고 말라서 떨어진 잎사귀만 무정한 바람에 서걱댄다. 사계절이 뚜렷하던 날씨가 언제부터인지 무너지고 있다.

여름과 겨울은 길어지고 봄과 가을은 오는 듯하다 가버린다. 무엇이 그리 급한지 여유를 가질 시간이 없다. 지나온 시간을 돌아볼 겨를 없이 무작정 앞만 보고 달린다. 그러다 문득 돌아본 자리엔 물들지 못한 나뭇잎만 허무하게 지고 있다. 단풍처럼 한 시절 붉게 물들어보지도 못한 채 낙엽이 되어 떨어지고 있었다. 낙엽은 나무의 슬픔이며 나무의 마지막이다.

얼마 전 허리가 구부정한 칠십 대 할머니가 사무실에 오셨다. 예금이 만기가 되어 새로 가입해달라고 한다. 예금통장을 만드는 동안 이런저런 이야기를 나누었다. 할머니는 오랫동안 식당을 운영하며 돈을 많이 모았다고 한다. 하지만 돈을 모으는 일도 예금을 하는 것도 재미가 없다고 넋두리를 늘어놓았다. 삶의 행복이 무엇인지 모르고 지나버린 시간이 야속하기만 하다.

삼십 년 넘게 오직 식당 일에 매달려 살다 보니 집 밖의 풍경을 제대로 본 적이 없다는 것이다. 이제 식당 일 접고 여행도 다니고, 하고 싶은 일 하시라고 했다. 할머니는 여행을 함께할 친구도 자식도 없다며 한숨을 내쉰다. 무릎이 안 좋아 많이 걷지도 못하고 돈을 쓰고 싶어도 쓸 기회가 없단다.

아무리 고되어도 힘든 내색 없이 수십 년을 견디며 오직 일만 해왔다. 언제나 청춘일 것 같던 봄날도 가버리고 모든 것이 시들고 소멸해가는 겨울이 와버렸다. 돈을 좇아 몸이 으스러지도록 달려온 지난날이 후회스럽다며 울먹인다. 단풍놀이 한번 가는 게 소원이라고 말하는 할머니의 얼굴이 혹독한 겨울을 외로이 견디는 고목 같다.

할머니의 말을 듣고 있자니 하늘에 계신 어머니를 보는 것 같아 마음이 서글퍼진다. 일곱 남매를 먹이고 공부시키기 위해 집안일과 밭일을 삶의 전부로 알고 애옥살이했다. 어쩌다 비가 오는 날이 유일하게 쉬는 날이었다. 살아오면서 힘든 일을 어떻게 풀어냈을까. 자식을 위해 평생을 바쳤지만, 정작 나는 어머니의 속을 들여다보지 못한 못난 딸이었다. 조개가 극심한 고통을 이겨내기 위해 진주를 품는 것처럼, 어머니는 아픔과 고통을 속으로 감내하며 일곱 남매를 품었다.

어머니와의 추억은 서쪽 하늘로 지는 노을 같다. '어머니의 손을 꼭 잡고 단풍놀이하며 행복한 추억을 많이 만들었더라면 얼마나 좋았을까.' 하는 후회와 아쉬움이 가득하다. 하지만 시간은 어머니를 기다려 주지 않았다. 무게도 빛깔도 없는 시간이 어제를 만들고 오늘을 만들지만, 사람은 그 시간을 따라가지 못했다.

  모든 일에는 때가 있다. 아침에 해야 할 일, 점심에 해야 할 일, 저녁에 해야 할 일이 다르다. 알맞은 시기에 하지 못하면 하루가 헛되이 지고 만다. 며칠 전 사무실에서 대화를 나눈 할머니처럼 '조금만 더 일하고 쉬자.'라는 생각을 가진다면 어느새 해는 서산으로 기울어버린다. 하루가 긴 것 같아도 지는 해는 아쉬워할 사이도 없이 빨리 떨어진다. '조금만 더'라는 말에는 끝없는 인간의 욕심이 담겨 있다.

  인간의 욕심은 어디까지일까. 톨스토이의 단편소설「사람에게는 땅이 얼마나 필요한가」를 읽다 보면 욕심의 끝은 어디인지, 그 결말은 어떠한지를 잘 보여준다. 러시아의 평범한 농부 바흠은 땅을 헐값에 판다는 소문을 듣고 땅 주인을 찾아간다. 그런데 땅을 파는 방식이 독특했다. 출발점을 떠나 하루 동안 걸어서 돌아온 땅을 모두 주겠다고 한다. 다만, 해가 지기 전에 출발점으로 돌아오지 못하면 모든 것이 무효가 된다는 조건이었다.

  다음 날 일찍 출발점을 떠난 바흠은 조금이라도 더 많은 땅을 차지하고픈 욕심에 목마름과 배고픔도 참으며 온 힘을 다해 달렸다. 반환점을 돌아야 할 시점이지만, 눈앞에 보이는 땅들이 아까워 걸음을 멈출 수가 없었다. 어느덧 해가 기울기 시작했고, 해가 떨어지기 직전 가까스로 출발점에 도착했다. 하지만 탈진한 그는 정신을 잃고 쓰러지면서 세상과 작별을 하고 말았다. 결국 그에게 필요한 땅은 자신의 몸이 묻힐 두 평 남짓한 땅이었다. 바흠이 시간과 재물에 대한 욕심을 조금만 내려놓았다면 더 값진 것을 얻을 수 있지 않았을까.

사람들은 지금 가진 것의 고마움을 모르고 항상 부족하다고만 생각한다. 또한 더 많은 것을 손에 넣고자 바둥대며 평생을 보낸다. 적당한 때를 보지 못하고 무심코 지나쳐 버린다. 욕심은 마치 풍선과 같아서 공기를 불어 넣을수록 점점 커지지만, 멈춰야 할 때를 놓치면 터지고 만다. 필요 이상의 것을 탐하면 모든 것을 잃을 수도 있다. 앞으로 우리가 사용할 수 있는 시간이 얼마나 남아있을까. 볼 수도 만질 수도 없는 시간은 강물같이 흘러가며 영원을 만든다.

어느덧 산의 정상에 다다랐다. 오르는 내내 단풍은 보이지 않고 싸늘한 바람만 산허리를 휘감아 돈다. 단풍이 있어야 할 계절에 단풍이 없다. 흡사 살아온 인생에 붉은 시절보다는 오점만 남은 것 같아 씁쓸하다. 이제 단풍을 보기 힘들다고 생각하며 하산하는 데 고목에 붉게 물든 단풍이 눈에 띈다. 반가운 마음에 가까이 다가갔다. 말라버린 나무들 사이에서 어찌 저리 곱게 물들었을까. 자연의 순리를 거스르지 않고 때에 맞춰 아름답게 익어가는 것이 바로 저 모습이 아닌가 싶었다.

어려운 시절마다 인생에 답을 주는 건 말없이 흘러가는 시간이었다. 절망과 고통을 이겨내는 힘도, 이해하기 어려운 세상일에 대한 원망도, 누군가를 용서하기 위한 사랑의 메시지도 흘러가는 시간 속에 해답이 있었다. 외롭고 아픈 이들에게 줄 수 있는 가장 아름다운 힘은 고통을 함께하는 시간 속에 있다. 슬픔과 후회의 시간은 망각으로 이어지고, 그 속에서 다시 희망의 시간은 소생되었다. 있는 듯 없는 듯 밤에는 보이지 않다가 낮에 잠시 나타났다 사라지는 시간, 그들이 다녀간 자리에서 삶은 더욱 깊어진다.

시간에 밀려 가을은 다시 떠나갈 것이다. 단풍은 한 시절 동안 이 세상을 붉게 물들이다가 사라진다. 힘들게 살아온 지난 시간 속의 아픔과 슬픔을 모두 털어버리겠다는 듯이, 잎을 떨구기 전 마지막 붉은 향연을 벌인다. 붉게 물든 단풍은 지나간 시간의 아픔이면서 다가올 시간의 희망이다. 오랜 세월을 힘들게 살다 가신 어머니와의 추억에도 단풍이 곱게 물들기를….

별빛

 언젠가 꼭 한번 오로라를 보고 싶었다. 하얀 눈이 쌓인 겨울밤에 하늘을 물들이며 너울너울 춤추는 오로라는 상상만으로도 가슴이 벅차오른다. 라틴어로 '새벽'의 뜻을 지닌 오로라를 보기 위해 수필 공부하는 모임에서 제주별빛누리공원으로 향했다.

 천체투영실로 들어섰다. 의자에 앉아 등받이를 뒤로 젖히고 편안한 자세로 누웠다. 흰색 바탕의 높다란 천정에 녹색, 분홍색, 보라색 빛들이 어우러져 일렁이기 시작한다. 캐나다에서 사진기자가 촬영한 오로라 영상이다. 한지 위에 떨어뜨린 색색의 물감이 빠르게 번져나가듯 빛은 나타났다가 사라지고, 사라졌다 다시 나타난다. 별들이 흩뿌려진 하늘에 자연이 만들어낸 강렬한 희열이었다. 영상만 봐도 눈이 즐겁고 행복한데 실제로 이런 상황을 볼 수 있다면 얼마나 황홀할까.

사람들은 언제 나타날지 모르는 신비한 자연 현상을 보기 위해 긴 시간을 참고 기다린다. 오로라 영상을 보면서 언젠가 부산 광안리 불꽃축제에 갔던 기억이 떠오른다. 누군가에 의해 쏘아 올려진 폭죽이 하늘로 힘차게 솟구쳐 펑 하고 터진다. 그 순간 사람들은 일제히 함성을 지르며 탄성을 자아낸다. 폭죽이 터지며 내는 빛이 화려할수록 감탄의 소리는 더욱 커진다. 분위기가 익어갈수록 불꽃은 더 오색영롱해지며 아름다운 빛깔을 보여준다.

찬란했던 불꽃놀이였다. 하지만 불꽃은 몇 초의 시간만 빛을 낼 뿐 바로 재가 되어 땅으로 떨어져 버린다. 적시에 터트리지 못하면 눈길도 주지 않고 더 예쁘지 않으면 관심도 가져주지 않는다. 폭죽은 화려했던 지난날을 회상하며 다시 하늘로 날아올라 관심을 받고 싶어 한다. 그렇지만 누군가 쏘아 올려 주지 않으면 혼자서는 빛을 내지 못한다. 폭죽은 하늘에서 저 혼자 빛을 내는 별들이 부러웠다.

사람들은 한순간 반짝이다 사그라드는 폭죽의 불꽃과 오로라는 환호하면서 매일 밤을 밝혀주는 별빛의 존재는 잊고 산다. 늘 함께하고 항상 존재하고 있어서 그 가치와 소중함을 알아보지 못한다. 계속 빛을 내고 있으니 그 소중함을 모른다. 마음이 아프거나, 외롭거나, 누군가 몹시 그리운 날이면 고개를 들어 하늘을 본다. 묵묵히 자리를 지키며 저 혼자 빛을 내는 새벽별이 그제야 눈에 들어온다. 새벽 시간 동쪽 하늘에서 가장 빛나는 샛별, 그 별은 새벽까지 아름답게 빛나면서 주변을 밝히지만, 여명과 함께 급히 사라지고 만다.

샛별이 아니어도 좋다. 하늘 구석구석에 박혀있는 별은 우리들의 아픈 영혼과 이 세상을 속속들이 비추어준다. 사랑이 사라져 가는 가난한 가슴에 별빛이 가득 채워진다면, 오로라가 하늘에 찬란히 피어나는 천국이 될 것이다.

깨진 유리창

 오랜만에 가족이 모두 모였다. 아이들도 반가운지 뛰어다니며 장난이 심하다. 한 아이가 때리고 도망가면 맞은 아이는 뒤쫓아 간다. 그러다가 결국 사고를 치고 말았다. 도망가던 아이가 이중으로 된 유리문에 부딪히는 순간, '쨍그랑' 소리와 함께 유리문이 깨졌다.

 운이 좋았다고 해야 할까. 다행히 몸에 큰 상처는 나지 않았다. 아이는 많이 놀랐는지 그 자리에서 얼음이 되어 울고 있었다. 피부 여기저기에 유리 조각이 박히고, 입고 있던 옷에도 유리가 떨어져 있다. 차분하게 처리하고 아이를 안심시켰다.

 그렇게 며칠이 지났다. 깨진 유리를 갈아끼우려 했지만,

쉽지 않다. 다용도실 유리가 깨져 있으니 근처에 가기가 꺼려진다. 보기도 흉하고 집안 분위기도 험악해 보인다. 범죄 현장의 금지구역처럼 주위가 어수선하다. 그 모습을 보니 언젠가 책에서 읽은 '깨진 유리창 이론'이 떠오른다.

'깨진 유리창 이론'은 미국의 범죄학자 조지 켈링과 정치학자 제임스 윌슨이 최초로 명명했다. 스탠퍼드 대학 심리학 교수였던 필립 짐바르도는 유리창이 깨진 자동차를 거리에 방치하고 사람들의 행동을 유심히 관찰했다. 멀쩡한 차에 유리창이 깨졌을 뿐인데, 사람들은 배터리나 타이어 같은 부품을 훔쳐 가고 심지어 차를 마구 때리고 부수었다. 망가진 자동차 주위에는 쓰레기가 쌓이고, 하루가 멀다고 사건 사고가 터지는 범죄의 소굴이 되고 말았다.

사소한 사건이라도 바로 해결하지 않고 방치하면 걷잡을 수 없게 된다. '나 하나쯤이야 괜찮겠지.'라는 이기적인 생각으로 간과해 버리면 사회는 질서와 규칙이 무너져 내린다. 우리 스스로 관리를 하지 않고, 잘못된 것을 고치지 않는다면 사회는 점점 어두워진다. 깨진 유리창 이론은 나만 생각하고 공동체 이익을 생각하지 않는 이기적인 사람이 되어서는 안 된다는 사실을 일깨워 준다. 현대 사회는 갈수록 타인보다는 자신만을 생각하는 이기적 풍조가 지배하고 있다.

인생에서 유리창 하나쯤 깨는 행위는 작은 일일지 모른다. 하지만 유리창이 깨어짐으로써 부정적이고 파괴적인 일은 연쇄적으로 일어나게 된다. 서민은 엄격하게 법과 질서를 지키며 살아야 하고, 돈 있고 힘 있는 사람은 지키지 않아도 되는가. 서민들은 쥐꼬리 같은 월급으로 하루하루 힘들게 살아가지만, 권력 있는 사람은 예사로이 부정한 행위를 한다. 깨진 유리창은 자본주의 사회에서 부자와 가난한 사람, 힘 있는 자와 힘없는 사람 사이의 빛과 어둠으로 나누어진다. 현대적 삶에서 바른 생각을 하며 산다는 것은 힘든 일이다.

집 근처에는 생활 쓰레기를 분리 배출하기 위해 클린 하우스가 설치되어 있다. 음식물 쓰레기와 일반 생활 쓰레기는 구분하여 봉투에 넣어 버리게 되어 있고, 폐기물 같은 잘 썩지 않는 쓰레기는 별도로 버려야 한다. 우리 동네의 클린 하우스에는 쓰레기가 규격 봉투에 잘 정리되어 깔끔하게 버려져 있다. 반면에 이웃 클린 하우스에는 정리되지 않은 채 어지럽게 쌓여 있다. 파리가 들끓고 고양이들이 주위를 서성이면서 잡스러운 쓰레기를 더욱 어지럽게 흩어놓는다. 누군가 쓰레기를 함부로 버려 놓으면, 그곳에 또 다른 사람이 버려서 금방 거대한 쓰레기장으로 변해 버린다. 클린 하우스에서나 인간 세상에서나 쓰레기는 쓰레기를 부른다.

인간의 원죄도 한 번의 실수로 시작되었다. 아담과 이브가 에덴동산에 살 때, 사탄은 작은 사과 하나로 그들을 충동질한다. 한 번만, 한 번만 하면서 유혹하여 마침내 에덴동산을 타락시키고 만다. 유혹에 빠진 아담과 이브가 그랬듯이, 사람들도 처음에는 유혹에 빠지지 않으려고 노력한다. 하지만 한번 빠져들면 점차 담대해져서 심각한 범죄를 저지른다. 한 번이라는 유혹의 올무는 인간을 깊은 타락으로 이끈다. 사소한 거짓말이 큰 거짓말을 낳고, 결국 돌이킬 수 없는 나락으로 빠지게 된다.

가정에서도 마찬가지다. 조그만 실수라 생각하고 아무 일 없다는 듯 지나치면 더욱 힘든 상황에 이르게 된다. 얼마 전 온 국민을 경악하게 만든 사건이 있었다. 아이가 있는데도 전 남편을 살해하고 시체를 유기하는 등 인간으로서 도저히 할 수 없는 일을 저지른 여인을 보며 모두 할말을 잃었다. "인간의 탈을 쓰고 저렇게 잔인할 수가 있을까."라고 사람들은 한마디씩 한다. 아이의 아버지를 어머니가 살해했다는 사실을 알면, 어린 자녀가 자라서 받을 충격과 고통은 상상하기도 힘든 일이다.

유리창은 깨지거나 흠집이 생기면 새것으로 갈아끼우면

그만이다. 그러나 한번 깨어진 가정은 새 가정을 꾸민다 해도 제 기능을 다 할 수 없다. 실수는 누구나 할 수 있지만, 어떻게 고쳐 나가느냐 하는 것이 중요하다. 가정이란 사람이 사람답게 자랄 수 있게 하는 보금자리이다. 마당에 울타리를 둘러 사나운 동물이나 낯선 사람으로부터 보호하듯, 가정은 가족에게 있어 울타리이다. 우리가 행복한 가정을 이루면 행복한 가정은 건강한 사회를 구성한다.

오늘도 내가 저지르는 작은 실수가 별로 대단하거나 심각한 것으로 여겨지지 않는다. 그러나 작은 실수 하나로 인해 내 영혼의 깨진 유리창 사이로 거칠고 세찬 비바람이 들어올 수도 있다. 인생에서 작은 일이 전체를 망치는 경우는 허다하다. 상자 안에 있는 귤 하나가 썩어 있으면, 그 속의 다른 귤도 급속히 썩어 간다. 살아가면서 단추 하나를 잘못 끼우면, 결국 인생이란 옷을 제대로 입을 수 없다.

깨진 유리창은 단순히 깨진 것으로 그치지 않는다. 하나는 곧 전부가 된다. 조각난 마음으로 이 세상을 바르게 본다는 것은 힘든 일이다. 깨어진 창의 조각들은 창을 전체적으로 보여주지 못하고 왜곡시킨다. 맑은 마음의 창으로 세상을 바르게 보기 위해 깨진 창을 빨리 갈아끼워야겠다.

인각사의 달

잊히고 버려진 모든 것은 가슴 아프다. 폐가廢家가 그렇고 폐사廢寺가 그렇다. 하지만 버려진 집이나 절이라고 사연마저 없는 것은 아니다. 아니, 잊히고 버려질수록 사연은 더 깊은 법이다. '둘레길'이나 '테마공원' 등이 유행같이 번지면서 문화재도 유행이나 흥행의 사치물 같다. 외모가 볼품없으면 그 속에 담긴 중요한 문화적 의미도 무시되기 일쑤다.

인각사麟角寺 가는 길은 진달래꽃이 흐느끼듯 피어있다. 그동안 자신들을 외면한 세상에 항의라도 하는 듯하다. 인각사는 어둠과 안개 속에 덮여 있던 절이다. 한때는 엄청난 규모를 자랑했으나 그동안 황량하게 버려져 있었다. 최근에야 절 내외가 중건되고 주변에도 많은 시설이 생겼다.

인각사는 일연스님과 『삼국유사』를 떼어놓고 이야기할 수 없다. 일연스님은 고려 말 국존國尊의 지위까지 올랐던 큰스님이다. 말년에 인각사에 머물며 『삼국유사』를 집필하고 이곳에서 입적하였다. 경상북도 군위에 자리한 인각사는 이렇게 유서 깊은 사찰이지만, 여행자들의 발길을 잡아끌 만한 볼거리는 없다. 사람들은 인각사를 기린의 뿔이 걸린 절이라고 이야기한다. 인각麟角은 기린의 뿔이라는 의미를 지니면서 지극히 드문 사물을 비유적으로 이르는 말이다. 그러나 인각사를 특별한 사찰로 보는 사람은 드물다.

어렸을 적부터 만화로 된 『삼국유사』를 수없이 읽었다. 그 속에 나오는 곰과 호랑이의 정체, 알에서 태어난 박혁거세, 주몽, 김수로 같은 사람의 이름을 새기면서 잠자리에 들곤 했다. 어린아이의 눈으로 바라본 세상은 모든 것이 신비로웠다. 세월이 흐른 지금도 아이가 세상을 바라보듯, 모든 것이 새롭고 신기한 것일 수는 없을까. 세월이 지나면서 세상도 바뀌고 삶의 모습도 바뀌었다. 그렇지만 내가 잠든 시간에도 어두운 밤하늘에 뜬 달은 쉼 없이 이 세상과 역사를 비추고 있었다.

세상에 대하여 말할 때, 나는 늘 허덕대며 살아야 했던 삶을 먼저 생각한다. 어린 시절부터 감당하기 힘든 삶의 어려움을 겪으며 성장했다. 가진 것 없는 집안에서 삶을 온전히 살아내기란 쉽지 않았다. 늘 누군가에게 베풀기만 좋아하는 아버지의 성격 탓에 어머니의 마음고생은 늘어만 갔다. 학교에서는 도시락이 변변치 못하다고 놀림을 받곤 했다. 그러면서도 참는 일에 길들어진 나는 어머니의 품에 따뜻이 안기지도 못하고 먼발치에서 바라만 볼 뿐이었다. 그러나 아픔과 고통은 언젠가 다른 가능성으로 돌아오리라고 믿었다. 매일 밤 자장가처럼 읽던 『삼국유사』는 과거를 올바르게 받아들이고 그것을 현재에서 극복해야 한다는 희망을 가르쳐 주었다.

이 세상과 삶에서 나의 존재는 어떤 모습인가. 인간에게서든 역사에서든 존재와 부재는 동전의 양면과 같다. 누가 나를 알아주고 받아줄 것인가. 인각사를 지나는 바람에 전하리라. 난세를 살면서도 위대한 업적을 남긴 스님과 대화를 나누기를 소망하며 새로운 삶을 꿈꾸는 한 여인이 여기 있노라고. 일연스님의 영정을 모신 국사전 앞을 거닐면서 여인의 마음은 청안했다. 자연과 사람, 과거와 현재 속에 내가 서 있다. 한 사람이 산다는 건 이토록 힘들지만 위대한 일이다. 하물며 큰스님의 삶은 어떠할까.

1206년에 태어나 한 시대를 온전히 살다간 일연스님은 바람처럼 휘몰아치는 역사의 소용돌이를 겪은 사람이다. 몽

골을 상대로 국토가 유린되는 아픔을 겪으면서도 『삼국유사』 집필에 몰두한 것은, 침략자의 칼날에 우리 민족이 겪는 아픔을 함께하고자 했기 때문이다. 그는 오랜 민족의 역사와 전통을 후세에 들려줌으로써 그들에게 희망과 자신감을 잃지 않기를 바랐을 것이다.

『삼국유사』에는 많은 시가 나온다. 최근 건립된 일연공원에는 삼국유사에 수록된 14수의 향가 가운데서 「처용가」, 「서동요」, 「찬기파랑가」 등 7수를 골라 자연석에 새겼다. 「찬기파랑가」에는 이런 구절이 나온다. "슬픔을 지우며 나타나 밝게 비친 달이/ 흰 구름을 따라 멀리 떠난 것은 무슨 까닭인가/ 모래가 넓게 펼쳐진 물가에/ 기랑의 모습이 거기에 있도다." 「찬기파랑가」는 신라 경덕왕 때 충담忠談이 화랑 기파랑耆婆郎을 추모하여 지은 10구체 향가이다. 흰 구름으로 가렸던 하늘이 열리매 파란 하늘에 나타나는 달은 오히려 흰 구름을 따르고 있는 구원의 달이다. 세속과는 대극에 자리하고 있는 영원한 초월의 삶을 표상하고 있는 것이 바로 기파랑이다.

세속의 삶이란 현세적인 삶이다. 나의 삶은 언제나 세속의 연속이었다. 일상에 허덕이면서 직장과 가족을 위한 고난의 헌신이었다. 이 지긋지긋한 세속적 삶이 모여 하나의 성스러운 삶이 된다는 것을 나는 이해하기 어렵다. 세속적인 자아를 벗어날 때 진정한 자아는 이루어진다고 하지만, 이런 삶을 위해 얼마나 더 많은 수행을 해야 할까.

8백여 년 전 일연스님이 어머니를 찾아 무수히 오갔던 길을 지금 내가 다시 걷고 있다. 일연스님이 국존의 지위를 버리고 낙향하여 어머니께 절을 올렸다. 이 장면을 표현한 「만남」이라는 조형물 앞에서 진정한 효심이 무엇인지 생각해 본다. 빨리 가난을 벗어나야겠다는 생각에 칠순 노모를 남겨두고 훌쩍 결혼해 버린 나의 모습이 새삼스레 부끄럽다. 한번 가면 끝내 돌아오지 못하는 사람들, 그들이 간 길은 어디인가. 꾸부정한 허리로 걸어가던 어머니의 뒷모습이 오늘따라 자꾸 눈에 밟힌다.

인각사를 떠나야 할 시간이다. 법당 앞에 서 있는 소나무가 더욱 늠름하고 당당하게 보인다. 소나무는 법당을 방문한 사람의 아프고 힘든 마음을 다 쓰다듬고 보듬어 주고 있다. 새색시 얼굴 같던 붉은 노을이 뉘엿뉘엿 사라지는가 싶더니 인각사에도 밤이 찾아왔다.

어느새 나타난 밝은 달이 인각사 앞마당과 일연스님 묘소 가는 길을 훤히 비추어준다. 저 달은 구원의 달이 되어 이 세상을 영원히 밝혀 줄 것이다. 적막과 어둠이 깊어가면서 인각사의 달은 더욱 찬란해져 가고 있었다.

얼어붙은 눈물

 벽에 걸린 액자 속 물방울이 떨어질 듯 말 듯 매달려 있다. 물방울은 투명하지만 보이지 않고 반짝이지만 우울해 보인다. 하나의 주체로서 물방울이 주는 의미를 생각하며 김창열 화백의 작품이 전시된 미술관을 둘러본다. 작가는 자신의 작품에 대해 상흔 자국 하나하나가 물방울이 된 것이고 그 상흔 때문에 나온 눈물이며 그것보다 진한 액체는 없다고 말한다.

 새벽녘 꽃잎에 맺힌 이슬보다 영롱한 것은 없다. 아침이슬은 영혼이 맑은 사람의 눈동자에 매달린 눈물 같다. 하지만 물방울은 작은 흔들림에도 떨어져 버린다. 순간에 흔적이 사라진다. 우리의 삶도 결국엔 끝이 있고, 존재가 사라진다는 것을 물방울은 보여준다. 이슬 같은 눈물은 깊고 순결한 영혼의 눈물과 입맞춤한다. 찬란한 햇살을 받으며 아침 이슬은 꽃잎과 잠시 이별한다.

어디선가 불어온 바람이 지나간 슬픈 기억을 떠올리게 한다. 흐린 하늘에 구름이 모이면 비가 오듯이 슬픔과 아픔이 모여 눈물비가 내린다. 추수를 마친 황량한 겨울 들판에 홀로 서 있는 삶이 서럽고 애달프다. 하지만 황량한 땅에도 생명은 잠재해있다. 인어공주가 눈물을 흘리면 진주로 변한다는 아득한 전설처럼, 아픔을 견뎌 낸 눈물은 영혼이 맑은 진주가 되어 떨어진다.

요하네스 베르메르의 「진주 귀걸이를 한 소녀」를 보며 진주의 묘한 매력에 빠져든다. 살짝 머금은 미소와 고개를 돌려 누군가를 바라보는 눈빛이 매혹적이다. 칠흑 바탕에 대비되는 진주 귀걸이는 그림에 생명력을 불어넣듯 빛을 발한다. 스산한 북유럽의 차가운 공기 속에서 창문을 통해 들어오는 따뜻한 햇볕 한줄기가 소녀의 눈빛과 미소, 귀걸이에 빛을 주어 머리에서 늘어트린 노란 옷감과 조화를 이룬다. 그리고 푸른색의 터번과 함께 어우러지며 고요함과 적막한 분위기를 자아낸다. 소녀의 절제된 미소와 무언가를 말하려는 듯한 표정이 눈길을 사로잡는다.

영화 속 주인공이 그림에서 빠져나온 것처럼 선명하다. 남자주인공이 여주인공의 귀를 뚫어줄 때 흘리던 피 한 방울과 여주인공이 흘리는 눈물 한 방울이 영화의 절정인 듯 강렬하다. 이때 흘린 여주인공의 눈물을 보며 조개가 진주를 품을 때의 아픔을 떠올려 본다.

모래알이 살을 파고들 때마다 조개는 참을 수 없는 통증을 느낀다. 이때 조개는 자신의 피라고 할 수 있는 나카(nacre)라는 생명의 즙액을 분비한다. 모래로 인한 상처를 감싸 모든 이물질을 녹여버리고 상처를 치료한다. 하지만 나카는 아주 조금씩 천천히 만들어지므로 조개에겐 엄청난 고통이 따른다.

극심한 고통을 이겨내고 만들어지는 것이 진주이다. 그러니 어찌 진주를 조개의 눈물이라 하지 않을 수 있을까. 고통을 감수하면 고통의 분량만큼 진주는 점점 커진다. 그러나 모래알이 만든 상처를 무시하고 아픔을 이겨내지 않으면 당장은 고통이 없지만, 상처 부위는 점점 곪아 조개는 결국 죽음을 맞게 된다.

우리의 인생은 눈물로 이루어진다고 해도 지나치지 않다. 살아오면서 기쁜 일도 많지만 슬픈 일도 많다. 눈물을 흘리면서 마음속에 쌓인 슬픔과 고통도 함께 흘려보낸다. 눈물은 마음의 아픈 상처지만 때로는 희망이 되기도 한다. 눈물은 이유 없이 흐르는 것이 아니라 저마다의 실존적 의미를 지닌다. 어두운 밤하늘에 반짝이는 별들은 우리들의 눈에서 흘러내리는 눈물과 같다. 별은 희망이며 절망이지만 끝내 우리의 갈 길을 밝혀 준다.

나의 글쓰기 모태는 오래전 고향집이 있던 시골길이었다. 어머니의 손을 잡고 걷던 시골길이 지금도 꿈속에 나타나곤 한다. 먼 길을 걸으며 들었던 이야기는 삶이 힘들 때마다 징검다리가 되어주었다. 어머니는 아무리 인생이 어려워도 마지막까지 놓지 말아야 할 것은 희망의 끈이라고 이야기했다. 어머니는 어려운 살림을 끌어가고 있었지만, 자식들 앞에서 한 번도 눈물을 보인 적이 없다. 어쩌면 깊은 속울음에 눈물이 얼어버린 건 아니었을까.

나에게 있어 눈물은 글을 쓰게 만드는 원동력이었다. 글을 쓰면서 인생은 슬픔의 연속이란 것을 알았다. 작가가 글을 쓰기 위해서는 슬픔을 알고 견디는 사람이어야 한다. 슬픔 속에서 삶을 살 줄 아는 자가 진정한 글을 쓸 수 있다. 차갑게 얼어붙은 눈물을 녹여내는 글을 쓴다는 것은 따뜻한 눈물을 흘릴 수 있을 때 가능하다.

눈물은 내 감정을 있는 그대로 드러내는 매개체이다. 때로는 눈물이 언어보다 더 강력한 메시지가 되기도 한다. 눈물은 눈물로 끝나지 않고 구원의 세계로 이어진다고 『성경』은 말한다. 눈물은 영혼을 정화하고, 진리의 세계로 나가는 과정이 된다. 그러나 삶과 현실은 유한하고, 소중한 것은 잠시 머물다 사라진다. 작가는 삶의 유한성을 바라보며 존재의 슬픔을 눈물로 나타내어야 한다. 사랑 때문에 이별하고 울었던 사람은 안다. 눈물은 완결된 명사가 아니라 사람을 만나고 그리워하고 이별하는 가장 확실한 동사라는 것을.

살다 보면 이런저런 모래알이 가슴에 조금씩 쌓여간다. 모래가 쌓일 때마다 그 상처를 치유하려 하지 않고 왜 나한테만 이런 일이 생기냐며 불평한다면, 결국 조개처럼 상처를 입은 채 죽고 말 것이다. 시련은 누구에게나 온다. 피하고 싶다 해서 비껴갈 수 있다면 얼마나 좋을까.

어느 날 내 마음을 비집고 들어온 모래알을 열심히 굴려 본다. 사그락대며 흩어져 버린 순간들이 모여 다시 상처를 준다. 누군가가 나에게 망각의 강을 건너고 싶냐고 물어보면 두 번 생각할 겨를 없이 "네."라고 답하고 싶다. 하지만 아픈 기억도 때로는 소중하다. 망각의 강을 건너버리면 행복했던 순간까지도 다 잃어버릴 것이 아닌가.

살아보지 않고 울어 보지 않고서야 어찌 눈물의 깊은 뜻을 알 수 있을까. 울음이 터져 나올 때는 속울음까지 토해 내야 비로소 진정한 나의 아픔과 상대의 아픔을 알 수 있다. 바닷가 계곡에 밀어치는 파도처럼, 마른 가지를 흔들어 대는 바람처럼, 삶이란 이렇듯 흔들리면서 다시 꿈꾸는 것이다. 어차피 한 번은 만나고 헤어진다. 아프고 슬픔에 지치거든 울어라.

　인생에서 누구라도 내리는 비를 피할 수는 없다. 아프다고 해서 피해버리면 아픔 뒤에 있는 행복을 만나지 못한다. 여름에 꽃이 피는 쐐기풀은 줄기나 잎새에 연한 가시가 있다. 피부가 스치거나 살짝 건드리면 상처가 나지만, 오히려 꽉 잡으면 아프지도 않고 상처도 나지 않는다. 아픔을 피하려고만 해서 해결되는 건 아무것도 없다. 그 속에서 곪고 터지며 함께 이겨낼 때 치유가 되는 것이다. 상처를 이겨내기 위해 고행하는 것이 인생이 아닐까. 조개가 고통을 견디며 진주를 품는 것처럼, 내 마음에도 잃어버린 진주를 다시 품고 싶다.

| 작품해설 |

눈물의 미학, 슬픔의 승화
—진해자의 수필 세계

허상문
(문학평론가 · 영남대 명예교수)

1.

수필가 진해자가 『기다리는 등대』에 이어 두 번째 수필집 『얼어붙은 눈물』을 낸다. 한 작가의 작품을 총체적으로 읽는다는 것은 그가 살아온 삶의 행로를 따라 걷는 일과 같다. 누군가의 문학적 삶을 추적한다는 것은 한 주체의 시간을 따라 작가의 내밀한 세계를 들여다보는 것이기 때문이다. 우리는 작가의 시선 앞에 놓인 항해도를 따라 강에서 강으로 이어지는 한 생애를 더불어 항해하게 된다. 그곳에는 세월의 흐름이 만든 아쉬움과 그리움의 강이 흐르며 미지의 바다로 가는 길이 펼쳐진다. 그 삶의 공간에는 뼈저린 아픔과 슬픔이 놓여 있고, 그것을 바라보는 눈에는 내밀한 속내처럼 '얼어붙은 눈물'이 숨어 있음을 보게 된다.

그동안 진해자의 수필은 섬세한 서정적 문체로 인생과 존재의 문제를 정치하게 그려낸다는 평가를 받아왔다. 이런 특성은 물론 작가의 문학적 상상력과 깊은 사색에서 발원하는 것이지만, 그 문학적 태도는 기존의 수필 문법에 머물지 않고 꾸준한 자기 갱신을 시도하고자 한 노력 덕분이라 할 수 있다. 삶이 지닌 아픔과 존재의 본원적인 슬픔을 그려내고자 하는 작가의 시선은 인생과 세상을 바라보는 섬세한 무늬로 직조됨으로써 독특한 미적 차원을 이루고 있다. 진해자의 문학 세계는 존재와 세상 사이 관계의 동심원이 만들어내는 아픔과 슬픔이라는 독특한 미학을 구축하게 된다.

진해자의 두 번째 수필집에서 시선을 끄는 작품의 중심 모티브는 '눈물'이다. 눈물이란 인간이 생존에 필요한 기본적인 욕구의 표현 방식으로 작가에게 눈물은 '언어'로 바뀌고, 그럼으로써 슬픔을 해결할 수 있는 능력으로 인생과 세상에 대한 새로운 인식의 태도를 이루게 된다. 흔히 인간의 욕구란 생존을 위한 욕구, 생리적 욕구, 애정과 공감의 욕구, 자아실현의 욕구 등으로 다양하게 구분된다. 진해자의 작품에서 빈번하게 나타나는 눈물은 기쁨보다 슬픔을 가치

있는 것으로 보면서 슬픔 속에서 진실을 발견코자 하는 의미를 지닌다.

흔히 삶에서 '눈물'은 사람들이 표현하는 기쁘고 슬픈 감정의 편린이지만, 이는 곧 기쁨과 슬픔을 통해서 삶의 내면적 감정과 순수성을 발현하는 태도이다. 「얼어붙은 눈물」이라는 표제작의 제목에도 나타나듯, 작가는 눈물에 특별한 의미를 부여하고, 자신의 삶을 나타내는 중심어로 '눈물'을 사용했다. 따라서 진해자의 작품에서 눈물의 의미를 살펴보는 것은 곧 작가의 문학과 삶의 의미를 추적하는 것과 다름없다. 그의 작품에서 눈물의 이미지는 작품 전체의 연속성을 이해하고 종합적으로 파악할 수 있게 한다.

그러나 진해자의 수필에서 눈물은 단순히 삶과 세상의 슬픔과 아픔에 대한 최루의 의미를 지닌 것이 아니라 인생과 존재의 의미를 새롭게 이해하는 도구로 사용되고 있다는 점에서 우리의 시선을 끈다. 더 나아가 진해자에게 눈물은 슬픔을 이겨내고 승화하는 방편으로서의 의미를 지닌다. 눈물을 통하여 슬픔을 이겨내는 것은 작가가 글쓰기를 위한 기본적 태도이기까지 하다. 작가는 자신의 글쓰기가 슬픔과 아픔을 표현해내기 위한 도구라고 말한다.

많은 이들이 지워지지 않는 상처로 아파하고 괴로워한다. 지우려 할수록 더욱 또렷해지는 상처는 결국 깊은 흉터로 남는다. 어떻게 하면 타인의 마음을 들여다보고 심심한 위로의 말을 건넬 수 있을까. 수필은 '자신의 삶과 타자의 마음을 들여다보고 읽을 수 있는 거울 같다.'라는 생각을 해본다.

우리는 살면서 수많은 상처를 안고 살아간다. 사랑하는 사람을 잃었을 때의 상실감으로 괴로워하며 많은 시간을 보낸다. 글을 쓰면서 마음 깊은 곳에 웅크려 있는 아픔을 토해내려 애썼다. 누군가를 그리워하며 산다는 것이 얼마나 힘든지 알기에 상처난 마음을 위무하며 글로 담아내기 시작했다."

— 「책을 내며」에서

사랑하는 사람을 잃고 마음의 상처를 겪기 전에는 진주를 보며 그저 아름답다는 생각만 했지만, 그런 아픔이 있었기에 진주는 더 빛날 수 있었던 것이 아닐까 하고 작가는 묻는다. 아픔이 있기에 진주는 더 빛날 수 있고, "고통의 끝에 만들어지는 영롱한 진주는 아픈 사람들의 마음을 오롯이 품어"준다. 진해자의 문학은 기쁨보다는 슬픔에, 밝음보다는 그늘에 더 많은 관심을 보이며 가치를 부여하고 있다. 그늘은 삶의 깊이를 전달하며 밝음의 부분이자 고난을 이겨낸 성숙의 모습으로 우리를 인도한다. 그늘은 단순히 밝음의 이면이 아니라 밝음의 연장이며, 그늘을 통해 밝음으로 나아갈 수 있게 한다. 그것이 인생인지 모른다. 눈물에 따뜻한 시선을 보내고, 그 속에서 인생과 세상의 가치를 찾고자 하는 작가의 마음이 깊고 아름다운 이유도 여기에 있다.

2.

현대적 존재로서의 인간은 모두 슬픔을 삶의 한 부분으로 안고 살아간다. 그래서 우리의 내부에는 크든 작든 슬픔이 담겨 있다. 누군가의 슬픔을 바라보며 그에 대하여 발화한다는 것은 슬픔이 슬픔을 바라보며 이야기하는 것이 된다. E. 레비나스는 타자를 이해하기 위해서 타자의 '밖'에서 위치하는 "나의 외재성"을 강조한다. 그로 인해 나는 타자에게 가까이 다가가 주시하는 존재가 됨으로써 서로 동등해질 수 있다. 분리된 자아가 외재적인 타자의 시점에서 본래적 자아를 바라볼 때 자기 이해의 정당성을 확보할 수 있게 되는 것이다. 마찬가지로 고통받는 타자에 침투해서 그것을 나의 것으로 받아들일 때 슬픔은 나의 것으로 전화될 수 있다.

진해자는 나의 슬픔과 타자의 슬픔의 결정체를 눈물로 보고 있다. '눈물'은 웃음보다 더욱 본질적 자아의 의미를 환기하는 이미지이다. 따라서 눈물은 단순히 감정에 따라 흐르는 것이 아니라 맺어지는 결정체로서 삶의 진실과 구원에 이르게 하는 촉매제이기도 하다. 작가는 눈물의 의미를 이렇게 말한다.

> 눈물은 내 감정을 있는 그대로 드러내는 매개체이다. 때로는 눈물이 언어보다 더 강력한 메시지가 되기도 한다. 눈물은 눈물로 끝나지 않고 구원의 세계로 이어진다고 『성경』은 말한다. 눈물은 영혼을 정화하고, 진리의 세계로 나가는 과정이 된다. 그러나 삶과 현실은 유한하고, 소중한 것은 잠시 머물다 사라진다. 작가는 삶의 유한성을 바라보며 존재의 슬픔을 눈물로 나타내어야 한다. 사랑 때문에 이별하고 울었던 사람은 안다. 눈물은 완결된 명사가 아니라 사람을 만나고 그리워하고 이별하는 가장 확실한 동사라는 것을.
> ―「얼어붙은 눈물」에서

그렇다. 작가의 말대로 눈물은 완결의 명사가 아니라 삶을 살아가는 데 있어 우리의 슬픔과 아픔을 지속적으로 표현하게 하는 동사이다. 사랑하는 사람과 만나고 헤어지는 일, 이 세상에서 일어나는 엄청난 고통과 불의를 바라보면서 우리는 슬퍼한다. 눈물은 가슴과 가슴을 나누는 일이다. 우리는 슬픔이나 불행을 당했을 때 한바탕 울고 나면 속이 후련해지는 카타르시스를 경험하게 된다. 이런 경험은 희극보다 비극을 통한 카타르시스가 우리의 정서에 더 크게 기여하고 있음을 말해준다. 카타르시스란 고대 그리스어에서 정화와 배설을 의미하는 용어로서 아리스토텔레스는 그의 『시학』에서 인간은 비애를 맛봄으로써 마음속에 억눌린 정서를 순화시킬 수 있다고 했다.

   그렇지만 우리는 정작 슬픔을 위한 진정한 애도의 방식이 무엇인지 제대로 모른다. 슬픔은 누군가의 고통과 눈물의 흔적으로 남는다. 작가에게 이별과 슬픔의 끝에서 남겨지는 진정한 슬픔을 표현하는 방식은 무엇일까? 작가에게 슬픔을 위한 애도의 방식은 슬픔의 단어와 문장으로 짓는 글쓰기이다. 우리는 세상의 모든 것과 기약 없는 이별을 해야 하고 그들을 애도해야 한다. 이별과 애도의 글쓰기는 각각 다른 표현 방식으로 나타나지만, 그 속에 담긴 진정한 슬픔의 의미는 다르지 않다. 진해자는 우리에게 다가온 슬픔의 표정과 그 의미를 이렇게 표현한다.

사랑하는 사람들과 자꾸만 이별한다. 사랑하는 사람을 잃는 것이 모두 내 탓인 것처럼 죽음 앞에서 애끓는 눈물을 흘린다. 아이의 든든한 버팀목이 되어야 했지만 그러지 못했다. 슬픔의 끝이 아무리 멀어도 그 끝이 새로운 시작임을 겨울을 이겨낸 나무는 알고 있다. 내 마음에 박힌 날카로운 가시도 외눈부처를 기다리는 마음에 조금씩 무뎌지겠지. 언제부턴가 하나밖에 없는 눈동자를 가진 삶도 좋다고 생각하며 살게 되었다.

                -「외눈부처」에서

 붉은 울음을 울던 억새꽃이 그리움의 시간을 견디지 못하고 하얗게 바래간다. 억새에 기대어 살아가는 야고처럼 할머니도 지친 등을 기댈 언덕이 필요했을 것이다. 치열하게 요동치는 시대를 살아야 했던 할머니의 삶이 억새꽃처럼 새었다. 조여 맨 하얀 머리를 풀어 헤치고 바람에 몸을 맡긴다. 억새의 꽃씨가 바람을 타고 자유롭게 날아간다. 끝날 것 같지 않던 우리의 인생도 억새와 야고의 삶처럼 자연의 한 조각일 뿐.

               -「숨어 우는 야고」에서

삶을 우울한 실체로 바라보고 슬퍼하는 작가들은 슬픔과 고통으로 가득한 인간과 세상의 내면을 바라봄으로써 자신과 현실에 대한 대결을 동시에 수행한다. 진해자의 작품에서는 흔히 인간과 세상을 바라보는 시선에서 겹겹이 증식하는 슬픔이 문학의 구조적 원리로 작용한다. 위에서 인용된 「외눈부처」에서 시사되듯이 사랑하는 아들을 잃은 슬픔은 작가에게 모든 슬픔의 진원지인 듯 보인다. "간밤에 어둠 속에서 일렁이던 불꽃처럼 온몸이 저리도록 안겨있던 아이"를 잃은 부모의 마음보다 더 짙고 애절한 슬픔이 어디 있을까. 작품에서 화자는 외눈부처처럼 하나밖에 없는 눈동자를 가진 삶도 좋다고 생각하며 살게 되었다고 말한다. "눈이 하나면 어떠한가. 어차피 우리는 완전히 하나가 될 수 없는 불완전한 존재이다." 롤랑 바르트가 『애도 일기』에서 비유했듯이 절대 기호로서의 슬픔은 애도 혹은 멜랑콜리의 이분법을 넘어서는 슬픔이다. 그것은 삶과 죽음 사이를 떠나지 않는 애도, '그 무엇으로도 대체할 수 없는' 슬픔이다. 이런 슬픔은 개인적 차원을 넘어 역사적 사건에서도 마찬가지다.

「숨어 우는 야고」, 「검정 고무신」에서처럼 작가는 제주 4·3의 역사적 아픔을 슬픔으로 승화하고자 한다. "치열하게 요동치는 시대를 살아야 했던 할머니의 삶이 억새꽃처럼 새었다"는 표현은 곧 인간이 저지른 왜곡된 역사에 대한 반성적 성찰을 뜻하고, 이를 통해 역사적인 슬픔의 의미를 다시 살피고자 하는 작가의 태도라고 할 것이다. 언제나 그렇듯 문학을 포함한 예술의 진정한 힘은 '외적인 힘'에 대비되는 건강하고 창조적인 '내면의 힘'을 의미한다. 삶을 위한 진정한 힘은 건강하지 못한 현실의 부분, 다시 말해 세상의 타락과 부정을 비난하고 비판하면서 맞서는 가운데 생겨난다. 이것이 바로 문학이 새로운 삶을 위해 창조해야 할 기능이며 역할이다. 이런 점에서 진해자의 수필에서 나타나는 개인적·역사적 슬픔은 제주 들판의 '야고'처럼 "지워지지 않는 존재의 흔적"으로 남아 눈물을 흘리게 한다.

  삶과 역사의 수레는 잠시도 요동을 멈추지 않는다. 그러나 우리의 삶은 슬픔과 눈물을 통해 내면의 상처를 치유하고 생의 무대를 확장해 나간다. 아픔에 젖은 날들을 슬픔의 눈물로 채색할 때야 한 편의 좋은 시와 수필이 탄생할 수 있다. 강물이 바다를 향해 흐르면서 스스로를 정화하듯 자신을 위해서도 타인을 위해서도 사람은 때로 눈물을 흘려야 한다. 이때의 눈물은 단순히 슬픔을 완화하는 치료제가 아니라 슬픔과 공감하며 인생과 세상을 향한 마음의 문을 여는 아름다운 미학이 될 수 있다.

3.

삶에서 우리는 다양한 슬픔을 대면하게 되고 그에 대한 깊은 애도의 마음을 표현한다. 지난한 애도의 과정 후에도 도달하기 힘든 '슬픔의 끝'은 어떤 지고한 표현으로서도 설명하기 쉽지 않은 상태의 슬픔이다. 작가로서 이 슬픔을 표현하는 방식은 어떤 것이 있을까. 다시 바르트식으로 말하자면, '슬픔의 언어화'라는 질량이 과연 얼마나 측정할 수 있는 것인지 알 수 없는 일이지만, 이를 글로 기록해내는 것이 문학이며 진정한 슬픔의 애도란 오직 언어를 통한 글쓰기를 통해서 이루어질 수 있는 것이라 할 수 있다. 진해자는 슬픔과 고통의 감정을 사랑과 그리움의 글쓰기로 치환한다.

진해자의 작품에서 누군가를 위한 사랑과 그리움의 감정은 지속해서 표현되고 있다. 그중에서도 가장 지극하게 나타나는 것은 먼저 저세상으로 떠난 아들은 물론 부모님에 대한 사랑과 그리움의 감정이다. 「아버지의 연장통」, 「석공의 소원」 같은 작품에서 잘 나타나듯이, 현대사회에서 아무리 아버지의 존재가 쇠락할지라도 아버지다움이란 가족을 위한 헌신과 믿음 안에서 회복될 수 있다고 작가는 생각한다. 가족과 후손들의 생존을 지켜줄 수 있는 최선의 능력을 아버지가 보여줄 때야 가족공동체는 새로운 모습으로 복원될 수 있다. 비록 나이가 들어 나약한 존재가 되었지만, 아버지는 여전히 우리의 삶에서 지표와 같은 존재이다. 작가는 「아버지의 연장통」에서 아버지를 다음과 같이 그린다.

> 바닷가에 있는 자갈이 부딪치고 멍들며 조금씩 윤이 나는 것처럼, 시련을 참고 이겨낸다는 것은 훌륭한 작품을 만들기 위해 모난 곳을 수없이 쳐내는 돌 작업 같다. 모난 생각과 비뚤어진 마음이 고개를 들 때마다 정교한 작품을 위해 백번 넘게 망치질하는 아버지를 떠올린다. 공들이지 않으면 뛰어난 작품은 만들어지지 않는다. 돌 작업을 할 때만큼은 아버지가 세상에서 가장 멋져 보였다. 매 순간 최선을 다하는 모습은 아무렇게나 툭툭 놓아도 제 있을 자리에 있으면 아름답게 보이는 오래된 돌담 같다.
>
> – 「아버지의 연장통」에서

아버지는 "바닷가에 있는 자갈이 부딪치고 멍들며 조금씩 윤이 나는 것처럼, 시련을 참고 이겨"내는 존재이다. 그는 묵묵히 자기 일과 가족의 삶을 위해 최선을 다하면서 "아무렇게나 툭툭 놓아도 제 있을 자리에 있으면 아름답게 보이는 오래된 돌담"과 같은 사람이다. 우리 시대 아버지의 권위와 부성은 상실되어 가지만 작가는 「아버지의 연장통」에서 우리가 지켜야 할 소중한 아버지의 역사를 새롭게 인식하고 있다. 이런 감정은 어머니에게서도 여실히 나타나고 있다.

> 어머니의 나날도 마를 날이 없었다. 진자리에서 자식 둘을 잃었다. 살아 있으면 나의 오빠가 되어 있을 것이다. 어미 품을 떠난 작은 생명이 채 피어보지 못하고 밤하늘에 별이 되었다. 깜깜한 굴묵에서 불을 지피며 남모르게 흘렸을 눈물이 얼마일까. 속울음을 삼키며 남아 있는 자식의 건강을 활활 타오르는 불꽃에 빌었을 것이다. 불을 지피고 나오는 어머니의 머리 위에는 작은 별 두 개가 유난히 반짝였다.
> – 「어머니의 불씨」에서

어머니에 대한 사랑의 감정이 없는 사람이 없겠지만, 진해자에게 모정의 감정은 더욱 지극하다. 「고장 난 벽시계」, 「어머니의 불씨」, 「침녀針女」, 「닻을 내리다」, 「커튼을 열다」와 같은 많은 작품에서처럼 어머니는 '사랑'의 기억으로 남아 있다. 작가에게 어머니라는 존재는 "바늘귀에 실을 넣어 바느질로 사람의 마음과 마음을 이어주었다. 세상의 모든 조각을 모아 하나의 완성품으로 만들어 가고자 하는 마음, 그것은 바느질을 통해 사랑과 화합을 이루어내고자 하는 마음이다"(「침녀針女」). 작가는 아버지와 어머니의 마음에서처럼 아무리 삶의 상황이 어렵고 힘들어도 사랑과 희망의 언어를 살리고자 한다.

> 휑하던 당근밭이 푸르름으로 다시 차오른다. 아무리 척박한 땅속이어도 희망을 놓지 않는다면 싹틔울 거라는 남편의 작은 소망이 이루어졌다. 내 마음에도, 하늘에 별이 된 아이의 마음에도 영원히 지지 않을 꽃씨가 꿈틀거리며 파릇한 당근 잎으로 새롭게 피어난다.
>
> — 「아프지 않은 이별은 없다」에서

> 누군가를 위해 불을 밝힌다는 건 사랑을 주는 마음이다. 사랑은 사랑으로 다가온다. 옛날에는 오늘날 같은 난방이 없어도 추운 겨울을 따뜻하게 보낼 수 있는 사랑의 불이 있었다. 각지불, 호롱불, 등피불이 몸과 마음을 따뜻하게 해주었다. 그런 불을 피우던 때가 그리워지는 것은 은은하게 피어오르던 사랑의 불빛이 마음을 데워주었기 때문이다.
>
> — 「도대불」에서

작품에 등장하는 화자는 자신의 삶이 처해있는 상황에 대해 힘겨워하고 있다. 자신보다 무거운 삶의 무게를 지닌 이는 없다고 여긴다. 이런 삶의 무게는 주체를 황량하고 고통스러운 세계로 이끌어간다. 그렇지만 그는 현실적 어려움 속에서도 진정한 삶의 가치와 진실을 추구하고자 한다. 그것은 오직 "아무리 척박한 땅속이어도 희망"이 피어날 것이라는 소망, "은은하게 피어오르던 사랑의 불빛"이 있기에 가능한 일이다. 그래서 작가는 어머니에 대한 기억을 찾아내고, 어머니가 던져주는 눈물과 슬픔의 의미를 통하여 더 나은 삶과 세상을 소망하는 상상력을 발휘한다. 이런 마음은 작고 하찮은 사물들에 깊은 애정과 관심을 보이고, 그들에 생명 의식을 부여함으로써 더욱 승화한다.

작가의 작은 것에 대한 사랑과 버려진 것에 대한 소중함의 마음은 작품의 도처에 산재해 나타난다. 작품에서 나타나는 '국화꽃', '고무신', '칼집', '만년필과 잉크', '눈사람' 그리고 길가에 버려진 '벽시계', '장롱', '냉장고'는 모두 작가의 이런 정신을 밝히기 위한 상관물이다. 글을 읽고 쓴다는 것은 나와 타자의 삶에서 상실되고 버려진 것들 사이에서 또 다른 가능성의 세계를 찾기 위한 행위이다. 말하자면 그것은 나의 영혼을 다른 사람의 영혼과 일치시키기 위한 노력이기도 하다. 표현을 달리하면, 글 읽기와 글쓰기는 다른 사람의 생각을 내 것으로 만들고, 내 생각을 다른 사람에게 불어넣는 일종의 '정신적 교감 행위'라고 할 수 있다.

이상적인 글 읽기와 글쓰기란 하나의 절실한 영혼과 다른 영혼이 만나 불꽃을 튀기는 점화와 생성의 시간이라 할 수 있다. 그러면서 그들은 지난 시간의 세계를 반추하거나 새로운 시간의 세계로 도약하기도 하고 그동안 닫혀있던 세상과 존재의 모습을 새롭게 열어간다. 여기에서 생기는 충격과 경탄과 감동의 시간은 새로운 삶의 가능성으로 열리게 된다. 진해자의 수필이 주는 이러한 문학적 경험을 통하여 우리는 이 험난한 인생과 세상에 대한 새로운 사랑과 희망의 깨우침을 얻게 된다.

4.

삶에서는 수많은 상실이 이루어진다. 사람들과 헤어짐, 사랑하는 사람의 죽음, 아끼던 물건의 멸실, 이런 수많은 상실 속에서 견딜 수 없는 슬픔과 공허가 찾아오지만, 시간은 새롭고 낯선 상황을 만들어낸다. 삶에서 하나의 문이 닫히면 언제나 또 다른 문이 열린다. 삶에서 가장 큰 상실은 상실 그 자체가 아니라 우리가 살아 있는 동안 함께 있던 것들과 헤어져야 한다는 사실이다. 하루가 낮과 밤으로 이루어져 있듯이 만남과 이별, 삶과 죽음은 분리된 별개의 다른 세계가 아니다. 이들은 서로 분리되어 있으면서 연결되어 있다. 그 경험들은 우리에게 눈물과 슬픔을 안겨 주며, 그에 대한 언어적 표현이 바로 시가 되고 수필이 된다.

진해자의 수필에서 눈물은 정신을 정화하고, 진리를 향하여 가는 과정이 되기도 한다. 눈물의 과정을 거치면서 구원과 깨달음의 세계로 나가게 된다. 작가는 일상적인 가치를 넘어서 세상에서 소외당하고 상실된 것들을 쉽게 외면하거나 버리지 않고 마지막까지 자신의 것으로 간직하려 한다. 비록 '눈물'은 작고 지나치기 쉽지만, 빛과 소금의 역할을 하여 세상을 아름답게 바꾸리라 믿는다. 요컨대 진해자의 작품에 등장하는 눈물은 꿈, 이상, 진실과 같은 내면적 가치의 의미들을 우리에게 환기한다. 또한 눈물을 통하여 주위의 사라지는 모든 것들에 대해 깊은 애정을 보이는 존재론적 의미를 일깨운다.

세상이 헛된 웃음을 추구한다면, 작가는 눈물을 통하여 더 슬프고 고독하지만, 역설적으로 더 깊어지고 진실해지고

자 한다. 진해자에게 글쓰기는 눈물과 같은 것이다. 자신의 슬픔은 물론 타자의 슬픔을 이해하는 것은 결코 쉬운 일이 아니지만, 이를 실천하기 위해 노력하는 작가이다. 이 말은 글쓰기로써 인생과 세상을 더 깊게 이해하면서 "아픔 뒤에 있는 행복"을 만나고자 하는 소망의 다른 표현이다. 진해자의 문학과 인생의 앞날이 새로운 생명의 싹을 피우는 꽃씨처럼 활짝 승화하길 빈다.

진해자 수필집

얼어붙은 눈물

인 쇄 2023년 12월 12일
발 행 2023년 12월 15일

지은이 진해자
발행인 서정환
펴낸곳 수필과비평사
주 소 서울시 종로구 삼일대로 32길 36(익선동 30-6 운현신화타워 빌딩) 305호
전 화 (02) 3675-3885, (063) 275-4000・0484
팩 스 (063) 274-3131
이메일 essay321@hanmail.net
출판등록 제300-2013-133호
인쇄・제본 신아출판사

저작권자 ⓒ 2023, 진해자
이 책의 저작권은 저자에게 있습니다.
서면에 의한 저자의 허락없이 내용의 일부를 인용하거나 발췌하는 것을 금합니다.
COPYRIGHT ⓒ 2023, by Jin Haeja
All rights reserved including the rights of reproduction in whole or in part in any form.

＊이 책은 제주특별자치도와 제주문화예술재단의 2023년도 제주문화예술지원사업 후원을 받아 발간되었습니다.

ISBN 979-11-5933-501-3 (03810)
값 15,000원